W E S T E N D

Dirk Koch

Der ambulante Schlachthof oder Wie man Politiker wieder das Fürchten lehrt

Die letzten Geheimnisse der Bundesrepublik

WESTEND

Mehr über unsere Autoren und Bücher:
www.westendverlag.de

Die Deutsche Nationalbibliothek verzeichnet diese Publikation in der Deutschen Nationalbibliografie; detaillierte bibliografische Daten sind im Internet über http://dnb.d-nb.de abrufbar.

FSC
www.fsc.org
MIX
Papier aus verantwortungsvollen Quellen
FSC® C083411

ISBN 978-3-86489-124-3

Umschlaggestaltung: Buchgut Berlin
Satz: Publikations Atelier, Dreieich
Druck und Bindung: CPI – Clausen & Bosse, Leck
Printed in Germany

Für Klaus Wirtgen

Inhalt

Vorwort

Was auch immer bei dem, inzwischen gestoppten, Ermittlungsverfahren des Generalbundesanwalts gegen die Internet-Journalisten von Netzpolitik.org wegen Landesverrats durch Berichte über Umtriebe des Verfassungsschutzes herausgekommen wäre, ein Ergebnis steht bereits fest: Die Gegenseite traut sich wieder was. Die Gegenseite wird frech. Die Gegenseite, die Staatsmacht, hält ihre lästigen Kontrolleure, die Journalisten, für geschwächt. Sie meint, sie könne es sich inzwischen herausnehmen, unter Vorwänden die Presseleute und erst recht ihre Informanten in Regierungen, Behörden und Parlamenten mit Gefängnisstrafen einzuschüchtern. Das hat es seit der SPIEGEL-Affäre 1962 wegen angeblichen Landesverrats so nicht mehr gegeben.

Es stimmt, der Stand des Journalisten ist geschwächt; Redaktionen werden verkleinert, Zeitungstitel zusammengelegt, Redakteure ins Freiberuflertum abgedrängt, weil Verleger sparen und sie nicht mehr fest anstellen wollen; Auflagen und Zuschauerzahlen sinken wegen des Abwanderns der Geld bringenden Anzeigen ins übermächtige Internet, wegen des veränderten Medienkonsums insbesondere jüngerer

Leute. Rechtsradikale Parolen gegen die »Lügenpresse«, so rattenfalsch sie auch sind, nagen am Fundament des öffentlichen Vertrauens in die Medien.

Aber tragen nicht Journalisten Mitschuld am Niedergang des Gewerbes? Hätten sie mehr Interessantes im Angebot, wäre das vom Informationseinheitsbrei übersättigte Publikum nicht wieder zu locken?

Was die deutschsprachigen Zeitungen und Magazine, das Fernsehen, öffentlich-rechtlich wie privat, zu bieten haben, es reißt einen nicht vom Hocker, mehr oder minder alles im Trend, mehr oder minder überall die gleichen Nachrichten. Zu oft kennt man die Schlagzeilen der Tageszeitungen schon, als hätten die Ressortleiter den Aufmacher der Tagesschau am Vorabend abgekupfert. Wohltuende Ausnahmen bietet das Radio. Der Proporzrundfunk, früher das Organ der angepassten Langeweile, glänzt heute mit seinen Informationen am Morgen. Die Printmedien, die mit Onlinediensten punkten wollen, müssen aufpassen, dass miese, schlampig hingekloppte Onlineware nicht Ruf und Geschäft der jeweiligen Mutterhäuser beschädigt.

Es wird zu wenig und zu wenig gut recherchiert. Klingt wie »Früher war alles besser« und wie »Achtung, hier spricht der Herr Oberlehrer«? Soll so klingen. Sonst passt keiner auf.

Sicherlich, da sind die Enthüllungen eines Ed Snowden, eines Julian Assange. (Über deren Geschichten man allerdings auch gerne wissen möchte, wer dahinter steckt.) Aber, zum Beispiel, wäre es nicht an der Zeit, wieder mehr in die vertraulichen Zirkel der Politik einzudringen?

Die Leute im Lande würden schon gerne wissen, wie es wirklich zugeht in Koalitionsrunden oder Parteipräsidien, in denen über ihr Steuergeld und ihre Zukunft entschieden wird. Wie steht es um Machtmissbrauch, Korruption, Pflichtversäumnisse bei denen, die uns regieren? Wo sind denn die spannenden Wiedergaben der Wortgefechte an Angela Merkels Kabinettstisch? Wo die Berichte über die schweren Kräche der Regierungschefs im Europäischen Rat oder über die Feindseligkeiten unter den EU-Kommissaren und deren engsten Mitarbeitern in Brüssel? Warum erfährt man nicht öfters und mehr darüber, wie die Genossen im Vorstand der SPD übereinander herfallen, was die Fachminister für Landwirtschaft, für Forschung oder für Wirtschaft an Klientelpolitik treiben, was in den Ausschüssen des Bundestags wirklich los ist? Welcher Trickssereien bedienen sich heute die Parteien in Berlin oder in Brüssel, um ihre klammen Kassen zu füllen? Wie wird heute Politik gekauft?

Die Mängelliste wäre fortzusetzen auf der Ebene der Bundesländer und der Gemeinden. Politik ist überall interessant, wo Gewählte und Beamte, Parteifunktionäre und Gewerkschaftsbosse über das Schicksal der Bürger, über das Leben von Millionen entscheiden. Warum wird nicht gründlicher der Keller dieser Gesellschaft ausgeleuchtet? Jene rechtsfreien Räume, in denen Kinder und Alte unter dem Verlust von Grundrechten zu leiden haben. Überforderte Jugendämter versäumen bei der Kontrolle von Pflegeeltern ihre Pflichten. Kinder werden gequält, kommen gar zu Tode, und den warnenden Hinweisen aus der Nachbarschaft konnte man leider wegen Personalmangels nicht nachgehen. Anwälte sichern sich bei Gericht Dutzende Betreuungsfälle der netten Honorare wegen. Die Fürsorge für die Personen unter »Betreuung«, wie die Quasientmündigung heute heißt, überlassen sie ihrer Sekretärin. Warum erscheinen nicht mehr Geschichten hinter den Geschichten, die den Leser mitnehmen in die Welt der Journalisten? Man muss es nur wollen.

Wäre es nicht ratsam, eine Stunde früher das Googeln einzustellen, den Tunnelblick vom Bildschirm zu lösen, den Computer runterzufahren und sich mit Abgeordneten, deren Assistenten und Sekretärinnen, mit Sachbearbeitern und Staatssekretären, mit Ministern und/oder deren Partnerinnen zum Ratschen zu verabreden? Sich zur Pizza, zum Prosecco zusammenzusetzen?

Vergesst um Himmels willen die Frauen der Politiker nicht, hat uns Rudolf Augstein eingebimst. Bei denen erfahre man oft mehr als bei ihren Männern. Augstein war beliebt bei den Damen, schon wegen seiner Bombardements mit Blumensträußen. Heute ist zu ergänzen: Vergesst auch um Himmels willen bei den vielen Politikerinnen die Männer nicht! (Selbst wenn die daheim wahrscheinlich nicht allzu viel erfahren und zu sagen haben.) Wäre es nicht ratsam, das Abendessen am heimischen Tisch um eine Stunde nach hinten zu verschieben und regelmäßig zu einem der allabendlichen Empfänge irgendwelcher Ministerien, Botschaften, Handwerkskammern, Wirtschaftsverbände, Autofirmen zu gehen? Einfach nur, um Leute zu treffen?

Ein öder Acker ist in zu vielen Zeitungen der Lokalteil. Hier, wo das Überleben der Tageszeitungen gesichert werden könnte, fehlen die harten Geschichten über die Korruption in den Bauämtern, über die Richter in den Amtsgerichten, die gottgleich herrschen und sich vor jeglicher Überarbeitung zu bewahren wissen, über die Kungeleien zwischen Anwälten, Richtern, Staatsanwälten. In Zeiten, in denen wegen grassierender Abhörerei und Datenabgreiferei die Informanten ängstlicher als früher sind, am Telefon zu reden, in solchen Zeiten ist das persönliche Gespräch wichtiger denn je.

Also, bitte, man suche die Nähe zu Beamten und Politikern beim Joggen und Jagen, im Ruderverein, im Tennisclub, beim Volleyball, beim Skat oder Kegeln. Man sollte dem Zufall eine Chance geben, etwas Hochinteressantes zu erfahren. Wer einen dicken Fisch fangen will, muss das Netz ausbringen, muss sich zum Angeln schon an den Fluss bequemen. Die Norm sollte sein: Mindestens ein neuer persönlicher Kontakt pro Tag, sieben Tage die Woche, ja, richtig gelesen, samstags und sonntags auch. Zum Knüpfen eines engmaschigen Informantennetzes braucht es Fleiß und Zeit. Also: das Einzelgespräch suchen, sich herauslösen aus der Vermassung in den sozialen Netzwerken, ein feinverästeltes Geflecht persönlicher Beziehungen aufbauen und pflegen.

Man muss sich zu allem anderen Stress jetzt auch noch mit der fünften Gewalt herumschlagen? Es ist doch nicht schlecht, dass sich das Publikum in steil wachsender Zahl in Blogs und anderswo im Netz mit dem Journalistengewerbe und seinen Produkten befasst, sie kritisch bewertet. Kontrolle der Kontrolleure! – gehört zu den Kernforderungen der Medienzunft, muss selbstredend auch für sie selbst gelten. Wäre doch schön, wenn die Kontrolle durch die Öffentlichkeit wenigstens etwas mehr Seriosität bei den Onlinekollegen erzwingt, für die dann nicht mehr vor allem die Schnelligkeit der Nachricht zählt, ohne viel Federlesens, ob sie stimmt.

Man schafft das alleine nicht, man hat ohnehin zu viel an der Backe? Dann muss man sich eben besser organisieren.

Man muss sich mit Kollegen zusammentun, den Journalismus der Zusammenarbeit wagen und entwickeln. Kooperativer Journalismus – hilft wirklich. Es kann eine Handvoll Journalisten derselben oder auch aus unterschiedlichen Redaktionen desselben Mediums oder verschiedener Medien sein, möglichst nicht miteinander in direktem Wettbewerb, Journalisten, die sich zu gezielter Recherche zusammentun und bereit sind, zu geben und zu nehmen beim Heranschaffen der Informationen. Teilen können ist wichtig, sonst klappt es nicht mit der Zusammenarbeit.

Der SPIEGEL hat zu Zeiten der alten Bundesrepublik in seiner Redaktion in der Bundeshauptstadt über Jahrzehnte einen Journalismus der Zusammenarbeit praktiziert, der dem Magazin einen Spitzenplatz in der politischen Berichterstattung sicherte. NDR, WDR und »Süddeutsche Zeitung« haben sich 2014 unter der Leitung des früheren SPIEGEL-Chefredakteurs Georg Mascolo zu einem Recherchenverbund zusammengeschlossen, der sehr erfolgreich den Journalismus der Zusammenarbeit betreibt, zum Beispiel mit exklusiven Geschichten über die US-Geheimdienstkrake NSA, über die in ihre Heimatländer zurückkehrenden Kämpfer des »Islamischen Staats« (IS) oder zum Fall des Kunstsammlers Cornelius Gurlitt. Der Recherchenverbund ist Partner des Internationalen Konsortiums für Investigativen Journalismus (ICIY), in dem mehr als 180 Reporter aus 65 Ländern einander helfen.

Der Autor hat nach seinem Ausscheiden beim SPIEGEL gemeinsam mit WAZ-Geschäftsführer Bodo Hombach, dem früheren Kanzleramtsminister im Kabinett Gerhard Schröder, und dem künftigen Redaktionschef Knut Pries für die internationale WAZ-Mediengruppe in Brüssel ein Korrespondentenbüro gemäß den Regeln des kooperativen Journalismus aufgebaut. In der Backsteinvilla am Square Ambiorix haben bis zu 13 Journalisten aus sieben Ländern – fünf Deutsche, zwei Bulgaren, zwei Serben, zwei Mazedonier, ein Kroate und ein Rumäne – gut miteinander und zugunsten der Blätter des Medienkolosses und seiner Pool-Kunden geschafft.

Alle hereingeholten Informationen gehörten allen; Schwerpunkte der Recherchen und der Berichte waren die Europäische Union und ihre Zentrale in Brüssel – für die vordem kommunistischen Balkanländer der Nabel ihrer neuen Welt – und die Nato, das Wunschbündnis der ehemaligen Warschauer-Pakt-Staaten. Alle Artikel standen allen Publikationen des Konzerns zur Verfügung. Die Kollegen schrieben in ihrer Muttersprache für ihre Heimatblätter, boten einander die Artikel als Kurzfassung in Englisch an, der Umgangssprache des Büros.

Insgesamt erreichte die Produktion des Brüsseler WAZ-Büros eine Verkaufsauflage von mehr als 2,5 Millionen; ergänzt durch den englischsprachigen Onlinedienst WAZ.EU-observer. Das Büro verlor seine Existenzgrundlage, als sich der Konzern aus dem Osteuropa-Geschäft zurückzog und sein internationales Engagement abbaute. Es war ein Rückschlag im Kampf für Demokratie und gegen Korruption auf dem Balkan. Ein Rückschlag für das Konzept des kooperativen Journalismus war es nicht. Es hatte sich erneut bewährt.

1 Scheitern lernen

Wahrheit ist vielschichtig. Geschichten hinter den Geschichten sind aufschlussreich. Hinter veröffentlichten Texten und Bildern sind Begebenheiten und Bezüge verborgen, die bei der Suche nach Wahrheit helfen können.

Versiegelt bleiben muss die Schicht, die das strikte Gebot des Informantenschutzes verbirgt. Es gibt nicht wenige Geschichten, die man veröffentlichen wollte, aber nicht veröffentlichen konnte. Wurmt einen bis heute.

Eine große Anzahl Recherchen endet im Nichts. Trotz aller Mühen, trotz schier endloser Aktenleserei, trotz der vielen Gespräche, am Telefon, bei persönlichen Treffen, es gelingt nicht, eine Geschichte wasserdicht zu machen. Oder man hat eine Geschichte kaputtrecherchiert, weil der Ansatz sich nicht bewahrheitet. Auch das Scheitern will gelernt sein. Zu früh aufzuhören beim Nachbohren wäre ein Fehler. Zu spät aufzuhören auch. Man muss erkennen lernen, wann man bei der Recherche nur noch Zeit und Kraft verschwendet. Ein noch größerer Fehler wäre, sich entmutigen zu lassen und die nächste Story nicht genauso hartnäckig und findig anzugehen.

Der Journalist darf es sich nie bequem machen und erst recht niemals jenen, über die er berichten will, hat uns Rudolf Augstein beigebracht. Keep calm and carry on. Ruhe bewahren und weitermachen. Die Durchhalteparole passt zum Journalisten. Die britische Regierung hat sie an ihre Landsleute zu Beginn des Zweiten Weltkriegs gerichtet. Der Nähkasten ist voller Geschichten hinter den Geschichten, geschriebenen und nicht geschriebenen, gedruckten wie nicht gedruckten. Anekdotenalarm? Nein, es geht um – zeitlose – Beispiele, wie es zuging und zugeht im Gewerbe der politischen Journalisten.

2
Dr. Seltsam

Schon mal auf einer Atombombe gesessen? Sieht aus wie eine von diesen Riesenzigarren auf den Wagen im Kölner Karnevalszug. Die hier ist nicht braun, sie ist blassgrün angestrichen.

Wir sind in flirrender Hitze auf einem Luftwaffenstützpunkt im Mittleren Westen der USA gelandet. Die Airbase gehört zu einem weitgespannten System von Flugplätzen, die der nuklearen Abschreckung der USA im Kalten Krieg mit der Sowjetunion dienen. Weit über die USA verteilt sind die Stützpunkte, auf dass wenigstens einige bei einem Angriff funktionsfähig bleiben. Von den Flugplätzen starten und landen die nuklear bewaffneten B 52-Langstreckenbomber der Strategischen Luftwaffe. Allzeit bereit zum Atomschlag, sind jeweils zwölf dieser Bomber luftbetankt täglich für 24 Stunden in großer Höhe unterwegs, auf drei Routen, eine führt über den Atlantik bis zum Mittelmeer.

Von unserer Passagiermaschine aus werden wir, US-Außenminister Henry Kissinger, sein deutscher Amtskollege Hans-Dietrich Genscher und einige Journalisten, in klimatisierten Limousinen zu einer einsatzbereiten B 52-»Stratofortress« auf dem Flugplatzvorfeld gefahren. Wir sind in den gewaltigen Bomber – 48 Meter lang, 56 Meter Spannweite, acht Triebwerke – eingestiegen, die fünfköpfige Crew zeigt uns das Cockpit und führt uns durch eine enge Tür auch in das Waffenabteil. Über dem Waffenschacht hängen acht Atombomben. In zwei Viererbündeln werden sie parallel zum Schachtboden in etwa einem Meter Höhe an massiven Gestängen gehalten.

Kissinger spielt an auf Stanley Kubricks schwarze Filmsatire. Ob wir den verrückten Streifen über den Kalten Krieg kennen würden, der ja auch in einer B 52 spiele und in dem der Pilot am Ende auf einer Wasserstoffbombe ins Ziel in der Sowjetunion reite? Er zitiert den deutschen Filmtitel »Dr. Seltsam oder: Wie ich lernte, die Bombe zu lieben«. Kissinger, breit lächelnd, fährt fort in amerikanisch breitem Deutsch: »Hier, nehmen Sie Platz, Dr. Seltsam.« Und weist mich, der zufällig neben ihm steht, einladend auf das Viererbündel an unserer Seite hin. Jede von ihnen, sagt Kissinger noch, habe weit über das Hundertfache der Zerstörungskraft der Hiroshima-Bombe. Hans-Dietrich Genscher steht lachend dabei. Auch ich muss lachen, als ich mich kurz auf einer der A-Bomben niederlasse. Wie mir dabei zumute war? Schwer zu sagen. Welch teuflische Zerstörungskraft sich in diesem zigarrenförmigen Ding verbarg, das überstieg das Vorstellungsvermögen. Warum mussten wir lachen? So verhalten sich Menschen oft, wenn Grauen ins Groteske kippt.

Wenige Stunden zuvor waren wir auf menschenleerer Prärie an einem anderen Ort des namenlosen Schreckens gelandet. Wir fuhren an mächtigen halbrunden Kuppeln vorbei, Tore zur Hölle. Wenn sie sich öffnen und ihren Inhalt freigeben, kommt das Ende dieser Welt. Die Kuppeln, die einem Atomangriff standhalten sollen, verschlossen die im Untergrund verbunkerten Silos der Atom-Interkontinentalraketen des Typs »Minuteman«. Nach dem Start und ballistischem Flug durch den Weltraum können »Minuteman«-Raketen mit ihren Kernwaffen binnen maximal dreißig Minuten, so Kissinger, jeden Ort in der Sowjetunion erreichen. Die Rakete heißt nach der amerikanischen Kolonialmiliz »Minutemen«, den Minutenmännern, die angeblich binnen einer Minute zum Kampf antreten konnten, sich also durch ihre besonders schnelle Einsatzbereitschaft hervorgetan hatte. Zehn Raketensilos waren dem Kontrollzentrum zugeordnet, zu dem wir in einem Aufzug tief unter die Erde hinab fuhren.

Unten im Neonlicht des Kontrollraums saßen sich zwei mit Pistolen bewaffnete Offiziere an einem Pult gegenüber. Sie sollen auf Befehl des US-Präsidenten die Rakete nach einem kodierten Zwei-Schlüssel-System starten. Keiner von ihnen kann eigenmächtig einen Atomschlag auslösen, erläuterte Kissinger schmunzelnd, aber die Pistolen haben sie für alle Fälle auch noch. Er schmunzelte viel. Wir haben die beiden Offiziere nach deren Schichtende am frühen Nachmittag in der Bar des Stützpunktes wiedergesehen, einem abgedunkelten, kühl klimatisierten Flachbau unter der sengenden Sonne. Mit großen Bieren spülten sie die Langeweile hinunter. In Friedenszeiten ist der größte Feind dort die tödliche Langeweile, es kommt immer wieder zu Disziplinarverfahren wegen Alkoholmissbrauchs.

Den Herrn der Waffen und damit über Leben oder Tod auf diesem Planeten trafen wir auch. Richard Nixon, der als US-Präsident allein die Befehlsgewalt für den Atomschlag hat, kam im Golf-Kart ans Flugfeld seines Feriensitzes San Clemente, um Kissinger und dessen Gäste zu begrüßen. Fernsehbedingt, wie in jener Zeit üblich, waren Nixons Lippen dunkelrot geschminkt, die Wangen rosa angefärbt, das restliche Gesicht mittelbraun gepudert. Es war der 26. Juli 1974, zwei Tage nach dem Urteil des Obersten Gerichtshofs der USA, das die Amtsenthebung Nixons wegen dessen illegaler Abhörpraktiken unabwendbar machte. Kissinger notierte später über das Meeting: »Ich war erschüttert zu sehen, wie sich der Präsident in nur einer Woche äußerlich verändert hatte. Er … sprach vernünftig, aber wie ein Automat. Was er sagte, war durchaus intelligent, aber er trug es vor, als ginge es ihn nichts mehr an.« Genscher schrieb in seinen Memoiren, er habe damals nicht geahnt, dass er der letzte ausländische Gast von Präsident Nixon vor dessen Rücktritt am 9. August 1974 war.

Zum Schluss der Reise hat Kissinger gegenüber Genscher die Demonstration der Stärke seines Landes zusammengefasst: »Die USA sind keine Supermacht. Die USA sind eine Super-Duper-Super-Macht.« Wir begleitende Journalisten des frisch ernannten deutschen Außenministers sollten über all das nicht schreiben. Man hatte den Amerikanern Geheimhaltung geloben müssen. Was Kern und Botschaft einer Geschichte hätten sein können, wurde erst viel später klar. Kissingers Nuklearwaffenschau war nicht der große Vertrauensbeweis für den neuen Kollegen. Sondern auch Warnung und Abschreckung, geboren aus Misstrauen.

Der US-Botschafter in Deutschland, Richard Burt, beschimpfte 1986 äußerst undiplomatisch den Bonner Außenminister Genscher als »slippery man«, als aalglatten, unzuverlässigen Mann. Zeitnah wurde uns ein CIA-Papier zugespielt. Es stellte den Deutschen unter Verdacht, ein von Moskau gesteuerter Einflussagent zu sein. Veröffentlichen konnte man nichts. Es ließ sich trotz vielerlei Anstrengung, und es wurde sich wahrhaftig Mühe gegeben, nicht klären, ob die CIA-Akte echt oder gefälscht war, worauf sich – bei Gericht belastbar – die Verdächtigungen stützten.

3

Der Fund

Hat die Atommacht Russland beim Abzug ihrer Truppen aus dem wiedervereinigten Deutschland einen Nuklearsprengkopf in einem Depot in der früheren DDR vergessen? Schlicht übersehen und zurückgelassen?

Zum Stichtag 29. Juni 1991 seien sämtliche Kernwaffen der sowjetischen Streitkräfte vom Gebiet der früheren DDR abgezogen worden. Dies hat feierlich Matwei Burlakow, der letzte Oberkommandierende der Gruppe der sowjetischen Streitkräfte in Deutschland so versichert.

Ein Mann aus der Führungsriege der Unionsparteien hat uns etwas anderes berichtet. Nach seinem Ausscheiden aus dem Bundestag hätte er beruflich in Brandenburg zu tun gehabt, so der Informant. Ein Klient, mit dem er in ganz anderer Angelegenheit unterwegs gewesen sei, habe ihm beiläufig erzählt: Tja, diese Rotarmisten, hätte der gesagt, schlampert seien sie halt gewesen und meistens besoffen. Ganz hinten in einem dusteren Lagerbunker wäre unter allerlei militärischem Gerümpel beim Sichten der Immobilie ein nuklearer Sprengkopf entdeckt worden. Die Kernwaffe habe in einem hölzernen Isolationsbehälter gesteckt und sei anhand der Beschriftungskürzel identifiziert worden. Die Russen hätten die A-Waffe dann unter strenger Geheimhaltung rasch fortgeschafft. Wer die Russen informiert hatte, wusste der Klient nicht. Unser Zuträger hatte sich über Jahre hin als stets zuverlässig erwiesen. Schreiben über die vergessene A-Waffe konnten wir dennoch nicht. Der Informant mochte als Zeuge nicht zur Verfügung stehen. Er hatte Angst. Um seine Geschäfte und auch sonst, um Leib und Leben, wie er gestand.

Ob der Sprengkopf in Himmelpfort oder in Stolzenhain oder in Finsterwalde, in einem der Sonderwaffenlager der Russen für Nuklearwaffen, gefunden worden sei? Wollte er nicht sagen, er wolle gar nichts mehr sagen. Man solle ihn bloß raushalten aus der ganzen Angelegenheit, nur ja nirgends seinen Namen nennen. Es sei ein Fehler gewesen, uns den Tipp zu geben. Wir haben uns bemüht, irgendeine, noch so allgemeine, Bestätigung zu erhalten. Wir haben im Verteidigungsministerium gebohrt, mit dem CDU-Verteidigungsminister Volker Rühe geredet, im Auswärtigen Amt nachgeforscht, bei der Nato, von Geheimdienstlern in Ost und West recherchiert. Nein, nichts bekannt, es wurde gemauert.

Niemand hatte ein Interesse daran, Moskau nach dem Ende der Sowjetunion womöglich bloßzustellen. Eine schlampige Atommacht, die nicht so genau weiß, wo ihr Teufelszeug rumliegt, und die auch schon mal eine Nuklearwaffe vertrödelt? Lieber nicht. Nicht darüber reden, am liebsten nicht daran denken. Und schon gar nicht darüber schreiben solle man. Die Story wäre ein Knaller geworden.

4
Das Nicken

Es war eine frostklare Nacht Anfang 1979. Wir unterhielten uns in wohliger Wärme am Kaminfeuer im versteckt gelegenen Gästehaus unserer Redaktion, einem unauffälligen kleinen Fachwerkbau in Rhöndorf am Rhein; der Eingang lag, für vertrauliche Besuche ideal, nicht einsehbar an einer Gasse. Konrad Adenauer, der erste Nachkriegskanzler, pflegte hier von seinem nahe gelegenen Wohnhaus aus zum Grab seiner Frau Gussie auf dem Waldfriedhof im Löwenburger Tal entlang zu spazieren. Wo auch er jetzt begraben liegt.

Zu Gast war einer der engsten Vertrauten des amtierenden Bundeskanzlers Helmut Schmidt. Man rauchte, Zigaretten, Pfeife, und trank Sprudelwasser mit frisch gepresstem Zitronensaft, der Gast, weil er keinen Alkohol mochte, man selbst, weil nachweihnachtliches Fasten gelobt worden war.

Zielführend begann ich das Gespräch. Es ging mir um die Terroristen der Rote-Armee-Fraktion. Hier in diesem Raum, sagte ich, hat CDU-Mann Alfred Dregger eine Pistole aus dem Schulterhalfter gezogen, die er zur Selbstverteidigung gegen die RAF-Bande dabei hatte. Er hat die Walther PPK 7,65 mm vor sich auf den Tisch gelegt und zu seinem dabeisitzenden Leibwächter gesagt: »So, die Waffe drückt mich im Sessel, die brauchen wir auch nicht. Dem SPIEGEL können wir vertrauen.« Dregger, Hauptmann der Hitler-Wehrmacht, hat kundig die schussbereite Pistole entladen, das Magazin entnommen und die Patrone aus dem Lauf repetiert. In ähnlicher Weise hatte Dregger schon mal abgerüstet, vor einem Interview in seinem Dienstwagen, da hat er die Knarre nach vorne zum Fahrer gereicht. Der soll sie ins Handschuhfach legen, und dabei hat Dregger gesagt: »Die Herren vom SPIEGEL sind friedliche Leute.«

Irre Zeiten, stimmte der Gast zu. Der Terror der RAF hat das Land verändert. Und wie. Aus Angst vor Überfall und Entführung hatten sich Spitzenpolitiker der alten Bundesrepublik bewaffnet. Bodyguards waren ein Muss. Zugleich ein Statussymbol. Je größer die Anzahl der Leibwächter, desto bedeutender war man. Oder kam sich so vor.

Mitarbeiter des CDU-Generalsekretärs Heiner Geißler haben uns gesteckt, berichtete ich weiter, dass ihr Chef in seiner Aktentasche einen großkalibrigen Trommelrevolver, Marke Smith&Wesson, dabei habe. »Lebend kriegen mich die Terroristen nicht«, hätte er gesagt. »Hans Matthöfer will auch ein paar Terroristen mit ins Jenseits nehmen«, ergänzte der Gast. Der Bundesfinanzminister in Schmidts Kabinett sei wie Dregger Soldat gewesen. Der kenne sich auch mit Waffen aus. Er hätte sich für eine tschechische »Skorpion« Maschinenpistole entschieden. Die auffallend kurze Knarre – der Gast zeigte mit beiden Händen die Länge von etwa 30 Zentimeter an – würde der Minister an einer Pendelschnur um den Hals tragen, verborgen unter seinem Mantel.

CDU-Mann Alfred Dregger legt die Pistole weg: »Die Herren vom SPIEGEL sind friedliche Leute« (mit den Redakteuren Dirk Koch (l.) und Klaus Wirtgen)

Franz Josef Strauß bevorzugt das Arbeitsgerät der Mafia, die »Lupara«, den Wolfstöter, gab ich zum Besten. Weil deren Schrotgarben aus dem abgesägten Lauf schon auf kurze Distanz breit streuen und fürchterliche Wunden reißen. Der CSU-Boss hat eine auch am Kolben gekürzte Schrotflinte griffbereit im Wagen. Bei abendlicher Heimfahrt muss sein Dienstwagen gut fünfzig Meter vor der Wohnung anhalten und die Scheinwerfer ausschalten. Die Sicherheitsbeamten im Begleitwagen haben auszusteigen und mit entsicherten Maschinenpistolen im Trab neben seinem Wagen herzulaufen. Strauß lässt die Seitenscheibe vorne rechts hinunter und schiebt die Mündung seiner »Lupara« hinaus. Seine Leibwächter fürchten sich, hat uns ein Mitglied des Strauß-Stabes berichtet, vor dem feuerbereiten, aber nach häufigem

Verzehr von Feuerwasser nicht allzeit treffsicheren CSU-Häuptling mehr als vor Terroristenkugeln.

So eingestimmt, kam die Unterhaltung passend auf das große SPIEGEL-Gespräch mit Helmut Schmidt, den Chef des Gastes. SPIEGEL-Chefredakteur Erich Böhme und ich hatten kurz zuvor, im Januar 1979, den Bundeskanzler im Urlaub über drei Stunden lang im Windermere Island Club auf der Bahamas-Insel Eleuthera interviewt. Schmidt hat im Interview auf den Bahamas auch über das knapp vierzehn Monate zurückliegende Geiseldrama der entführten Lufthansa-Maschine »Landshut« gesprochen. In Rätseln.

Dem Gast las ich im bereit gelegten SPIEGEL-Heft aus dem Interview vor: »Schmidt: Ich war auch bereit, den Kopf hinzuhalten für Mogadischu. Ich kann nur nachträglich den deutschen Juristen danken, dass sie das alles nicht verfassungsrechtlich untersucht haben. Man kann nicht alles regeln.«

Schmidt hat also vom Amt des Kanzlers zurücktreten wollen, fragte ich, falls die Befreiung der Geiseln durch die Grenzschutzgruppe (GSG) 9 gescheitert wäre?

Ja.

Es hat für ihn alles auf dem Spiel gestanden?

Ja, alles.

Welche verfassungsrechtlich bedenkliche Maßnahmen er denn gebilligt hat, weshalb muss er den deutschen Juristen dankbar sein, dass sie nicht tätig geworden seien? Schmidt hat auf unsere Nachfragen in Eleuthera nichts Näheres sagen wollen. Ob der Gast uns weiterhelfen kann? Leider nein.

Dann ging es endlich um den eigentlichen Punkt: Um einen Hinweis, den wir aus Sicherheitskreisen bekommen hatten. Was Schmidt wohl gemeint haben könnte. Die arabischen Entführer sind mit Erfolg getäuscht worden, so die Info. Man hat Zeit gewinnen müssen, den Mord an den Geiseln hinauszögern, um den Hauptteil des GSG9-Kommandos nach Mogadischu zu schaffen. Man ist zum Schein auf die Forderung der Entführer eingegangen, in der Bundesrepublik Deutschland einsitzende Terroristen der RAF im Austausch gegen die »Landshut«-Geiseln frei zu lassen. Man hat zum Beweis für diese Bereitschaft den RAF-Terroristen Andreas Baader auf dem Flugfeld von Mogadischu den Entführern unter ihrem Captain Mahmud vorgezeigt. Baader ist deshalb in einem Kampfjet von Deutschland nach Somalia geflogen worden. Und noch in der Nacht der geglückten Befreiung der Geiseln durch die GSG 9 ins Gefängnis Stammheim zurückverfrachtet worden.

Es ist eine zweisitzige Maschine eingesetzt worden. Entweder eine »Phantom« oder eine Trainerversion eines »Starfighter«, das hat die Quelle nicht genau gewusst, beide Kampfjets seien gut für Mach 2 gewesen, die doppelte Schallgeschwindigkeit, über 2000 Stundenkilometer. Die Entfernung Deutschland–Somalia–Deutschland, rund 12000 Kilometer, hat für einen doppelt schallschnellen Jet trotz Zwischenlandungen zum Auftanken kein großes Zeitproblem bedeutet.

Baader war dann am nächsten Morgen, am 18. Oktober 1977, um 8.07 Uhr mit Kopfschuss in seiner Zelle tot aufgefunden worden. An den Schuhen der Leiche sollen, von den Behörden unwidersprochen, Sandkörner gehaftet haben.

Frage an den Gast: »Habt ihr Baader nach Mogadischu gebracht?«

Der Gast antwortet mit keiner Silbe. Er nimmt einen Schluck Zitronenwasser, drückt seine Zigarette bedächtig im gläsernen Aschenbecher aus. Er sieht einem in die Augen. Und nickt.

Man hat den Mann nicht weiter bedrängt, kannte ihn gut genug, um zu wissen, mehr war von ihm nicht zu erfahren. Das war's dann. Es ist nicht möglich, irgendeine Bestätigung aus dem engen Kreis jener zu beschaffen, die in eine solche Geheimaktion eingeweiht sein konnten. Der Gast im Rhöndorfer Fachwerkhaus schied als Gewährsperson aus. Er durfte, schon aus Gründen des Informantenschutzes, nicht benannt werden. Und er hätte wegen seiner Pflicht zur Geheimhaltung alles dementieren müssen.

Arabien-Kenner »Ben Wisch« Hans-Jürgen Wischnewski, der in Mogadischu für die Bundesregierung mit den Entführern verhandelt hatte, ließ uns stehen, als wir ihn im Restaurant des Bonner Bundeshauses darauf ansprachen. Auflachend lief er in seinem Watschelgang davon.

5 Dämlicher Aberglaube

Keep calm and carry on. Ein mulmiges Gefühl hätten regelmäßig viele in Bonn gehabt, an jedem Montag, berichtet Norbert Blüm, langjähriger Bundesminister für Arbeit. Was hatten die schon wieder ausgebuddelt, was stand Schlimmes über einen selbst oder einen Parteifreund im SPIEGEL? »Das Blatt war Pflichtlektüre.«

CDU-Arbeitsminister Norbert Blüm mit den SPIEGEL-Redakteuren Dirk Koch (l.) und Klaus Wirtgen in seinem Bonner Garten: Mulmiges Gefühl

Es muss also beträchtlich mehr gelungen als fehlgeschlagen sein bei den Recherchen. Es gab Erfolge, eine ganze Menge. Unser SPIEGEL-Team hat Angst und Schrecken verbreitet. Wir haben mancherlei krumme Dinger aufgedeckt, und manche haben ihren Hut nehmen müssen, Geld und Geltung verloren.

Marie Schlei etwa, die SPD-Chefin des Bundesministeriums für wirtschaftliche Zusammenarbeit (BMZ), musste nach unserer Geschichte über ihre Jungfernreise 1977 nach Afrika das Bundeskabinett verlassen. Helmut Schmidt tat sich schwer, seine Getreue, die ihm schon als Parlamentarische Staatssekretärin im Kanzleramt gedient hatte, wegen des SPIEGEL zu feuern. Aber der Druck auch aus der eigenen Partei war zu groß. Schmidt musste sie ablösen, machte ihr den Verlust des Ministeramtes Anfang 1978 durch eine breiter angelegte Kabinettsumbildung etwas leichter.

Die Frau war recht nett, das Kürzel ihres Ministeriums erklärte sie so: BMZ – »Bei Marie Zuhaus'«. Der Ministerin mangelte es an Selbstkontrolle. Sie war unterwegs in Afrika mit Sätzen wie »Die Neger sind wie die Juden, die riechen, ob man sie mag« auffällig geworden. Sie hatte mit ihrer Nagelschere einem jungen schwarzen Metallarbeiter eine Locke abgeschnitten, »als Souvenir«. Sie hat in Botswanas Hauptstadt Gaborone nachts am Hotelpool Party gemacht. Irre komisch fand sie es, als einer ihrer Mitarbeiter im Anzug ins Wasser sprang. Von einem Hotelfenster aus beobachteten afrikanische und sowjetische Diplomaten das Treiben der Deutschen. Es war mitten im Kalten Krieg. Ost und West buhlten noch um die Gunst des diamantenreichen Staats am Rande der Kalahari.

Es hat übrigens nicht viel gefehlt, nur das Zucken eines Abzugsfingers, und die SPIEGEL-Geschichte über sie wäre nie geschrieben worden, Marie Schlei wohl Ministerin geblieben. Abends an der Hotelbar in Gaborone hatte den Autor ein Deutscher angehauen, ob er nicht mitkommen wolle, gleich jetzt, in den Busch, da kenne er einen deutschen Entwicklungshelfer, der würde auspacken wollen über Missstände im Entwicklungsdienst der Schlei. Dass der Mann links und rechts an den Schläfen kleine Kreuze in blauer Farbe hatte, war mir nicht aufgefallen.

In seinem geländegängigen LKW holperten wir zu einem Weiler weitab vor der Stadt. Der Entwicklungshelfer Michael hatte Tisch und Stühle vor seine Lehmhütte gestellt, eine Petroleumlampe angesteckt, Strom gab es nicht. Wir prosteten uns unterm Sternenhimmel mit Whisky zu, da fing plötzlich der LKW-Eigner, ein DDR-Bürger, das Streiten an. Er beschimpfte den Entwicklungshelfer und mich Pressemann als faules Lumpenpack, schmetterte sein Glas auf den gestampften Boden, dass es zersplitterte, lief zu seinem LKW, startete den Motor und fuhr im Staub der Piste davon in die Nacht. Der Kerl sei verrückt, sagte Michael, bösartiger Hirntumor. Ob ich die blauen Kreuze gesehen hätte? Hatte ich inzwischen. Das seien die Markierungen für den Strahlenbeschuss mit der Kobaltkanone.

Der Entwicklungshelfer drückte mir zwei Blatt aus einem Stenoblock in die Hand, auf die er seine Kritikpunkte geschrieben hatte: Zu wenig Geld, zu viel Verwaltung, zu lange Warterei auf Bauteile für sein Brunnenbauprojekt. Leider könne er mich nicht zurückbringen, er habe kein Auto, und sein Fahrrad sei platt. Sei gefährlich da draußen im Busch, ich könne über Nacht bleiben. Wie weit es zur Stadt sei? Sieben, acht Kilometer.

Ich wollte zurück, da ich noch schreiben musste. Michael schenkte mir einen kurzen Buschmannspeer, »für alle Fälle«. Ich marschierte los, auf den hellen Schein der Stadt am Horizont zu. Es war finster, die Piste undeutlich zu erkennen zwischen dem Buschgesträuch. Griff mir am Rand einen Ast als Wanderstab, stieß heftig bei jedem Schritt auf den festen Sand, fing an zu singen, die Marseillaise und »Wir lagen vor Madagaskar« und solche Sachen, wegen der Schlangen, die Krach und Erschütterungen nicht mögen. Kannte ja die Striche und Kringel morgens auf den Straßen, plattgefahrene Schlangen, die gerne nachts auf dem warmen Untergrund schliefen. Kam gut voran, den Speer auf der Schulter.

»Stop.« »Hands up.« Vor mir drei dunkle Gestalten, Soldaten, die Gewehre im Anschlag. Ich ließ Stock und Speer fallen, hob die Hände, rief: »Don't shoot. Don't shoot. I'm a German.«

In ihrem Unterstand habe ich bei Kerzenlicht Zigaretten an die jungen Schwarzen in ihren langen Militärmänteln verteilt. Sie sagten, sie hätten Angst gehabt. Hätten mich in meinem hellen Anzug für einen Selous Scout gehalten. Sie hätten ohne Anruf geschossen, nur das Singen hätte sie abgehalten. Dass einer von diesen Selous Scouts, diesen Spezialtruppen aus Rhodesien, die als weiße Terroristen in den Nachbarländern mordeten, im Dunkeln mit Gesang durch den Busch spaziert, das hätte nicht ins Bild gepasst. (SPIEGEL-Kollege Paul Lersch merkte später an, hätten die sich doch denken können, dass der vom SPIEGEL sein musste, der nachsah, ob was im Busch war.) Kurz darauf Motorengeräusch, Scheinwerfer auf der Piste, das Sammeltaxi hat mich zum Hotel gebracht, die Geschichte war gerettet. Zurück in der Heimat, konnte man sich um weiteres politisches Personal kümmern. Das zum Rücktritt zu zwingen war.

Freidemokrat Otto Graf Lambsdorff wurde fällig. Er hatte nach unseren Berichten über üppige Parteispendeneinnahmen vorbei an Recht und Gesetz seinen Job als Wirtschaftsminister zu quittieren.

Wolfgang Schnur, der Parteivorsitzende des mit der CDU verbündeten »Demokratischen Aufbruchs« in der gewendeten DDR, musste gehen, nachdem wir ihn als Stasi-Spitzel

Wolfgang Schnur (r.), der als Kandidat für das Amt des DDR-Ministerpräsidenten zurücktreten muss, nachdem der SPIEGEL ihn als Stasi-Spitzel (Deckname »Torsten«) enttarnt hat (mit Redakteur Dirk Koch bei der Bundespressekonferenz in Bonn)

enttarnt hatten. Spitzenkandidat Schnur hatte gute Chancen, die ersten freien Wahlen in der DDR am 18. März 1990 zu gewinnen und DDR-Ministerpräsident zu werden.

Vier Tage vorher, am 14. März 1990, legte Schnur wenige Stunden nach seinem Auftritt vor der Bundespressekonferenz in Bonn, auf der er noch die im SPIEGEL veröffentlichten Vorwürfe bestritten hatte, Spitzenkandidatur und Parteivorsitz nieder. (Schnurs Pressesprecherin war Angela Merkel, ihr Vater, Pfarrer Horst Kasner, mit Schnur befreundet.)

In Rostock hatten wir abends die beiden Stasi-Führungsoffiziere des Anwalts Schnur (Deckname des informellen Mitarbeiters (IM): »Torsten«) beim Fernsehen in ihren Wohnungen aufgespürt und ihnen ein Angebot gemacht, das sie nicht ablehnen konnten: Wenn sie auspacken über Schnur, würde man nicht darüber schreiben, in welchen zivilen Arbeitsstellen sie untergetaucht seien. IM »Torsten« hatte von 1965 an für das Ministerium für Staatssicherheit Spitzeldienste geleistet, als Kirchenanwalt erschlich er sich das Vertrauen von Oppositionellen. Der Kohl-Kompagnon, der verhinderte DDR-Ministerpräsident, verlor wegen Mandantenverrats seine Anwaltszulassung und wurde 1996 zu einer einjährigen Gefängnisstrafe auf Bewährung verurteilt.

Und Helmut Kohl haben wir schließlich auch erwischt. Nach einer vom SPIEGEL aufgedeckten Spendenaffäre stellte er sich über Recht und Gesetz. Er weigerte sich, die Namen der Geldgeber zu nennen, wie es das Parteispendengesetz verlangt. Kohl wurde von den eigenen Leuten gezwungen, den Ehrenvorsitz der CDU niederzulegen.

Otto Graf Lambsdorff hat mich, wie ein SPIEGEL-Kollege in einer Laudatio schrieb, »zum Chef einer journalistischen ›Todesschwadron‹ ernannt, der angeblich jede Woche neu die Zahl seiner ›Abschüsse‹ zufrieden ins eigene Kerbholz ritze«. Nun ja, auch wenn es, damit das Sprachbild stimmt, Kerben in den Griffen unserer journalistischen Colts hätten sein müssen, da war was dran.

»Ein Journalist kann Freund des Politikers auf Dauer nicht sein«, hat SPIEGEL-Herausgeber Rudolf Augstein gesagt. Diethelm Schröder, unser Militärexperte, fasste es so: »Die Artillerie kennt weder Feind noch Freund, sie kennt nur lohnende Ziele.«

Wir haben nicht wild in der Gegend rumgeballert und nach Lust und Laune Politiker abgeknipst. So lief das nicht. Wer im journalistischen Gewerbe glaubt, er könne willkürlich Politiker kippen, die fest im Sattel sitzen, wird sich verheben.

Kippen lässt sich ein Politiker nur, wenn er schon auf die schiefe Ebene geraten ist, durch Korruption und Gier und Lüge, durch Unfähigkeit und vertrauensselige Dummheit (s. Christian Wulff/Kai Diekmann) oder auch schwere Fehler anderer, für die er politische Verantwortung hat. Dann können Medien den Sturz beschleunigen. Ein Blatt allein schafft das kaum. Andere müssen mitmachen. »Verloren ist ein Politiker«, war Rudolf Augsteins Faustregel, »wenn ihn SPIEGEL, Springer-Presse und FAZ zusammen unter Kreuzfeuer nehmen.« Zu spüren bekamen das die Verteidigungsminister Gerhard Stoltenberg (CDU) und Georg Leber (SPD) oder der Bundesinnenminister Werner Maihofer (FDP). Sie konnten sich nicht im Amt halten, weil sie für illegalen Waffenexport und illegale Abhöroperationen ihrer Beamten zu belangen waren.

Freundschaft zwischen Journalist und Politiker mündet fast zwangsläufig entweder in Feindschaft oder in Komplizenschaft, je nachdem wie ernst es dem Journalisten mit seinem Beruf ist. Der SPIEGEL hat Willy Brandts Ost- und Entspannungspolitik freundlich begleitet. Als wir den innenpolitisch abgewirtschafteten SPD-Kanzler als bröckelndes Denkmal auf die Titelseite hoben, war der SPIEGEL für Brandt »das Scheißblatt«.

Die Korrespondenten der bundeshauptstädtischen SPIEGEL-Redaktion verstanden sich bei aller Bescheidenheit im Wissen um ihre Unzulänglichkeit als der vierten Gewalt im Staat zugehörig, die neben Exekutive, Legislative und Judikative mit den Mitteln einer freien Presse der Demokratie zu Diensten zu sein hatte bei exklusiven Nachrichten, beim Einordnen von Information, beim Vermitteln von Hintergrundwissen, beim Kampf gegen Machtmissbrauch, bei der Jagd auf korrupte Politiker.

Zur Zeit haben Verschwörungstheoretiker großen Zulauf. Journalisten wären käuflich, wird als große News verkauft; die Bestechlichkeit von Journalisten wäre die eine verschwiegene Seite eines ganzen Berufsstandes, die andere die verschwiegene Nähe zur Macht. Fast alle renommierten deutschsprachigen Medien hätten engste Verbindungen in die Führungsetagen von Politik und Wirtschaft. Die Bürger wären die Opfer einer medialen Gehirnwäsche, würden die Lügen von Politik und Medien bei der Gehirnwäsche brav schlucken. Die Bundesrepublik Deutschland wird gar mit Nordkorea und dem Iran verglichen.

Von welch geistigem Zuschnitt die Enthüller solcher Sensationen sind, zeigt sich im Fall eines Kriegsberichterstatters, der nicht nur mit Stift und Block bewaffnet, wie es sich für einen Reporter gehört, sondern, wie er schreibt, »mit einer Kalaschnikow und ausreichend Munition im Patronengurt durch Afghanistan« gezogen sei. Geschossen habe er auf die Mudschahedin, »mit einigen gezielten Feuersalven konnte man sich solche Leute ganz gut auf Distanz halten«. Ob und wie viele er getroffen hat, erfährt man nicht, der body count fehlt.

Sicherlich ist richtig: Journalisten sind käuflich. Aber das ist nichts Neues. Das ist so von alters her. Seit Reichskanzlers Otto v. Bismarcks Zeiten, der seinen Reptilienfonds zum Schmieren der Presseleute zwecks preußenfreundlicher Berichterstattung nutzte.

Das war bei CDU-Kanzler Konrad Adenauer und seinem millionenschweren, nur von ihm verwalteten Haushaltstitel 300 nicht groß anders. Mit dem Steuergeld kaufte er sich gefällige Geschichten aus der Bundeshauptstadt, oder er entnahm dem Etattitel die jeweils 3000 Mark Handgeld für jeden auserwählten Journalisten, der ihn auf seiner ersten Reise in die USA begleiten durfte. Und das ist heute noch so – nur dass Gefälligkeitsjournalismus vielleicht ein wenig geschickter honoriert wird. Etwa wie unter Kanzler Kohl, dessen Bundespresseamt über zwei Spezialagenturen von gekauften Journalisten regierungsfreundliche Kommentare fürs Radio schreiben ließ, 2,5 Millionen D-Mark lagen dafür in der sogenannten »Pulverkiste« des Amtes bereit.

Engste Kontakte in die Führungsetagen von Politik und Wirtschaft? Gut so. Das Netz der Verbindungen kann für einen Journalisten gar nicht eng genug sein und hoch genug reichen. Es dient seinem Informationsstand. Es bedeutet doch nicht, dass er zwangsläufig zum Erfüllungsgehilfen der Machthaber wird. Wenn er denn Kopf und Charakter hat.

Wer zum Beispiel als Journalist Mitglied in der »Deutschen Gesellschaft für Auswärtige Politik« ist, der weiß, dass der Verein auch von Geheimdiensten zur Meinungsmache genutzt wird; man stellt sich darauf ein, profitiert von den Bekanntschaften dort und lässt sich nicht benutzen. Journalisten sind käuflich? Längst nicht alle, auch in den Chefetagen der großen Medienhäuser nicht. Aber es gibt eben auch die anderen. Das weiß ein jeder, der auch nur oberflächlich mit dem Gewerbe zu tun hat. Man kennt sie meistens ja, wenn man sich etwas länger in der Szene umtut. Und kann sich darauf einstellen im Umgang mit ihnen. Und man hat ja selbst gekauft.

Wir in der politischen SPIEGEL-Redaktion haben uns auf einen von vielen Ausnahmen abgepolsterten Grundsatz verständigt: Wir lassen uns nicht in die zahlreichen Informationskreise der Politiker hineinziehen, wenn es dort Hintergrundwissen nur um den Preis der Verschwiegenheit, des Nichtberichtens gibt. Man hat jedoch Kollegen, die, wenn sie von den Politikern der jeweiligen Parteien als politisch auf Linie eingeschätzt und in diese Zirkel eingeladen sind, Gelegenheit gegeben, ihrem Berufsethos treu zu bleiben. Sie haben die Öffentlichkeit dann eben über den SPIEGEL mit den vertraulichen Informationen dieser Hintergrundkreise versorgt. Mit einem angenehmen Nebeneffekt. Sie konnten dafür auch noch ein Informationshonorar einstecken. Wenn es um Wahrheit und Transparenz geht, sollte man nicht

Minister Hans-Dietrich Genscher zu Gast im Rhöndorfer Gästehaus des SPIEGEL (mit den Redakteuren (v.l.) Richard Kiessler, Paul Lersch und Dirk Koch)

kleinlich sein. Für solche guten Zwecke sollte stets Bares bereit liegen. Das gilt heute wie eh und je.

Helmut Kohl hat sich, wie vor ihm Helmut Schmidt und Willy Brandt, oft darüber geärgert, dass der SPIEGEL in seinen Hintergrundgesprächen mit Journalisten unsichtbar unterm Tisch saß. Einmal hat Kohl einen erwischt und aus der Runde gefeuert. Bloß, der Mann hatte nicht den SPIEGEL versorgt. Kohl fand das Leck in einer Geheimdienstvorlage, die ihm mit News aus seinem eigenen Hintergrundkreis auf den Schreibtisch gekommen war.

Dass Journalisten mit größter Vorsicht zu begegnen ist – ein alter Hut. Javier Solana, der Spanier, pflegte diesen Lehrsatz als Nato-Generalsekretär, oder später als Hoher Repräsentant der gemeinsamen Außen- und Sicherheitspolitik der

EU, gerne in Brüssel vorzutragen: »Man soll mindestens zweimal aufmerksam nachdenken, wenn einem gesagt wird, je später der Abend, desto besser siehst du aus. Oder wenn einer kommt und mitteilt, ich bin von der Regierung, ich bin hier, um dir zu helfen. Oder wenn einer sagt, ich bin Journalist, du kannst mir vertrauen.«

Franz Josef Strauß belehrte den CSU-Generalsekretär Edmund Stoiber und dessen Gehilfen: »Gebt doch endlich den dämlichen Aberglauben auf, dass es im Gespräch mit Journalisten etwas Geheimes gibt.«

Dass die Parteien beim Besetzen wichtiger Posten der öffentlich-rechtlichen Medien mitmischen und ihnen genehme Journalisten platzieren, nichts Neues. Dass der lange Arm des Bundespresseamts mit dem Portemonnaie in der Hand tief in die Personalstrukturen von Nachrichtenagenturen hineinreicht, nichts Neues. Dass die Kollegenschar durchsetzt ist mit Zuträgern diverser Geheimdienste in West und Ost, für die Russen, für die Amerikaner, die Polen, die Franzosen, die Briten, auch nichts Neues.

Als SPD-Minister Horst Ehmke 1969 frisch ins Kanzleramt kam und er sich anschickte, voller Empörung, eine Liste mit den Klarnamen Dutzender Presseleute, die beim BND auf der Payroll standen, öffentlich zu machen, da fiel man dem Ungestümen in den Arm; die sozialliberale Regierung unter Kanzler Willy Brandt und Außenminister Walter Scheel wollte keinen Ärger machen. Vielleicht brauchte man die BND-Mitarbeiter in der schreibenden Zunft ja noch.

Niemals hat jemand von außen versucht, den Autor zu kaufen. Leider. Man wäre so gerne zum Schein auf ein Angebot eingegangen und hätte es dann krachen lassen und in allen Einzelheiten darüber geschrieben. Lag vielleicht am Ruf, dass ein Angebot ausblieb. Aber es gab andere Vorkommnisse.

6
Der Prinz und der Graf

Der Smalltalk mit Lady Diana ist mühsam. Sie erzählt, dass sie bald zu einem Rockfestival nach Deutschland reisen wolle, und man weiß nicht so recht, was man – außer: »Wie schön« – dazu sagen soll. Lady Di hat ein Einsehen und sagt, man würde doch sicherlich gerne hören, was die Heldin des Falklandkriegs, Maggie Thatcher, dicht umringt von Gästen neben uns, über die kostspielige militärische Präsenz Großbritanniens rund um den Erdball zu berichten hat. Man wehrt nur schwächlich ab, bedankt sich für das nette Gespräch und will sich zur Premierministerin im strassbesetzten dunklen Abendkleid hinwenden. Da naht bei ihrer Begrüßungsrunde die Königin, tritt auf einen zu …

Die Queen ist gut drauf. Sie trinkt Gin Tonic. Sie freue sich, sagt Elizabeth II, auf ihren Staatsbesuch in China, wo ja eine neue Zeit anzubrechen scheine. Sie werde auch den Chairman Hu, diesen Reformer, treffen. »Und stellen Sie sich vor«, fährt die Queen kichernd fort und sie beugt sich vor und es schüttelt sie leicht, so lustig findet sie das, »der Vorsitzende Hu ist sogar noch kleiner als meine Schwester Margaret. Und die ist ja nun wirklich schon ziemlich klein.«

Die Eiswürfel in ihrem fast leeren Glas klingen leise knisternd nach. Cocktails in der prächtigen deutschen Residenz am Londoner Belgrave Square, 3. Juli 1986, Staatsbesuch des Bundespräsidenten Richard v. Weizsäcker.

Prinz Charles übernimmt das Gespräch, nachdem ihm die Mutter gesagt hat, der Mann sei vom SPIEGEL. Also das interessiere ihn sehr, was der SPIEGEL da rausgebracht habe über diesen »count Lambsdorff and the tax evasion«. Ob das denn wirklich so schlimm sei mit dem Grafen und der Steuerhinterziehung? Deswegen und wegen Schlimmerem sei der ja nun dran, habe er in der Zeitung gelesen. Und wie der aufgeflogen sei? Der Prinz wendet sein rotes rechtes Ohr – es ist wirklich ziemlich groß – dicht zu einem hin, er hört so besser im Partygelärm.

Tja, antwortet man dem Thronfolger, in einer Tiefgarage hätte man von einem Unbekannten ein Paket Akten zugesteckt bekommen. Wer das gewesen sei, wisse ich bis heute nicht. Würde auf Staatsanwaltschaft oder Steuerfahndung tippen. Dort sei man in großen Nöten gewesen, die politischen Freunde des Grafen, auch in anderen Parteien, hätten massiv die Ermittlungen behindert und verschleppt.

Das sei jetzt aber ein Zufall, sagt der Prinz. Dass er ausgerechnet an den geraten sei, der die Sache ins Rollen gebracht habe. Und nimmt einen beim Oberarm des Leihfracks: Jetzt wolle er aber alles ganz genau wissen. Ob er das tatsächlich wolle? Sei 'ne längere Geschichte. Ja, ja, sicherlich. Tja, beinahe wäre die Geschichte gar nicht veröffentlicht worden. Warum denn nicht? Hätte ziemlich darum kämpfen müssen. Doch man wird unterbrochen. Prinz Charles grüßt nach links und nickt nach rechts. Die Achseln bedauernd hochgezogen, wird er von einer Dame mittleren Alters, ausweislich ihres ovalen Ansteckers mit dem Porträt der Queen eine Angehörige der königlichen Familie, fortgeführt in andere Gästerunden und Gespräche. Gut so. Wie hätte man denn der Hoheit das sperrige Werden der Enthüllungsgeschichte im SPIEGEL bei einem Stehempfang erläutern sollen? Dass ausgerechnet der SPIEGEL die exklusive Story, die den bis dahin größten Skandal der Bundesrepublik aufdeckte, nicht veröffentlichen wollte?

Mit einem anonymen Anruf fing es an. Er wolle seinen Namen nicht nennen, sagte die Männerstimme zur Sekretärin in der Telefonzentrale der Bonner Redaktion, aber er müsse dringend den Bürochef sprechen. Die Angelegenheit sei sehr wichtig. Unsere Mitarbeiterin war auf derlei Anrufe trainiert und stellte durch, ohne langes Nachfragen, um was es denn gehe. Die Stimme war undeutlich, vielleicht weil ein Taschentuch über der Sprechmuschel lag. Der Anruf schien aus einer öffentlichen Telefonzelle zu kommen. Meinte zu hören, wie eine Münze eingeworfen wurde. Guten Tag, sagte der Mann, wer er sei, tue nichts zur Sache. Man kenne mich, habe sich vergewissert, dass die SPIEGEL-Leute es genau nähmen mit dem Informantenschutz. »Kommen Sie morgen, Mittwoch, nach Köln«; um 14.00 Uhr in die Garage unter die Domplatte. Solle alleine kommen, auf keinen Fall einen Fotografen mitbringen. Er wolle nicht geknipst werden. Auf gar keinen Fall. Ich solle die Einfahrt von der Rheinseite her in die Tiefgarage beim Kölner Dom nehmen und auf die Rampe zum Obergeschoss fahren. Dass ich einen 911er hätte, wisse man. Welches Kennzeichen der Porsche habe? Ich solle im Auto bleiben. Da werde jemand auf der Rampe stehen. Der habe was für mich.

Ganz geheuer war mir das Treffen nicht. Aber ich hatte ja Charly dabei. Charly saß schwarz und grimmig auf dem Beifahrersitz. Sie war nicht angeschnallt. Charly würde mich schon beschützen. Soll mir nur einer link kommen wollen, soll sich nur hüten.

Zur vorgegebenen Zeit bog ich aus dem Nieselregen von der Rheinseite her im Schatten des hohen Doms zu Köln in die Tiefgarage ein. Vielleicht hätte ich doch besser einen Kollegen gebeten, versteckt auf Posten zu gehen. Sonst machen wir doch selten etwas allein. Sind meistens zu zweit bei schrägen Einsätzen. Man hat es in dem Gewerbe immer mal wieder mit Spinnern zu tun. Warum jetzt nicht zu zweit? Wohl weil die Anrufer so sehr darauf bestanden hatte, dass man alleine kommt. Meistens schicken die Irren nur lange Briefe voll wirrem Zeugs. Die landen dann gleich im Papierkorb.

Es könnte eine Falle sein. Gewalttätige Racheakte von Verwirrten gegen Journalisten gab es. Wieso musste es diese dustere miefige Garage sein, in der man sich traf? Sollte ich besser nicht zur Rampe fahren, sondern den Schildern »Ausfahrt« folgen? Reißausnehmen liegt mir nicht. Also fuhr ich weiter in Richtung Obergeschoss. Vielleicht wollte die Stasi uns gefälschtes Material unterjubeln, um westdeutsche Politiker zu diskreditieren. Oder CDU/CSU-Seilschaften im BND könnten versuchen, den SPIEGEL durch das Veröffentlichen getürkter Akten in seiner Glaubwürdigkeit zu beschädigen. Es ging mir einiges durch den Kopf. Oder vielleicht war es eine Briefbombe?

Um 14.00 Uhr stand dann da jemand in der Tiefgarage unter der Domplatte im grauen Neonlicht, ein mittelgroßer Mann, in Trenchcoat und Handschuhen, das Gesicht im Schatten der Hutkrempe. Der Übergabeort war klug gewählt. Der Mann stand in Fahrtrichtung rechts am Rand der schmalen einspurigen Auffahrt zum Obergeschoss, auf halbem Weg. Ich hielt bei laufendem Motor an, ließ rechts das Fenster hinunter. Charly knurrte drohend. Ohne ein Wort reichte der Mann einen dicken Briefumschlag in meine an der Labradorhündin vorbei ausgetreckte Hand zum Beifahrerfenster hinein. Er ging sofort gegen die Fahrtrichtung die Rampe hinab, verschwand im Dämmern der Garage. Ich hätte ihm nicht folgen können, hinter mir war bereits ein Wagen auf der Rampe, signalisierte mit der Lichthupe, dass ich weiterfahren solle. In einer Parkbucht im Obergeschoss hielt ich an, zog Papiere aus dem hellbraunen Kuvert. Es waren Kopien von Ermittlungsakten. Aktenzeichen und Randnotizen waren beim Kopieren abgedeckt worden. War das Material gefälscht?

Selbstverständlich zeigte ich das Bündel zuerst den Kollegen. Fälschungen? Die Kollegen neigten zum Nein, schien alles echt. Behutsame Anfragen bei Staatsanwaltschaft und Steuerfahndung. Bei den Antworten blieb man dort im Ungefähren, wollte lieber keine Stellung nehmen. Dann ein Gespräch mit Johannes Rau, dem SPD-Ministerpräsidenten in Düsseldorf. Der verhielt sich seltsam aufgeregt, schien aufs Höchste alarmiert zu sein. Die für Wirtschafts- und für Finanzpolitik im Bonner SPIEGEL-Büro zuständigen Fachkollegen redeten mit ihren Gewährsleuten in den Ministerien. Es verfestigte sich das Urteil: Die Akten sind echt.

Auf der Grundlage unserer Recherchen haben wir im Spätherbst 1981 eine Geschichte geschrieben, alles exklusiv, alles top News, nicht allzu lang. Es waren die ersten Zeilen über einen Fall, der sich ausweiten sollte zu einer gewaltigen Affäre.

Es ging um die in der Bundesrepublik grassierende Praxis illegaler Parteispenden, überhöhter Spendenquittungen und damit betriebener Steuerhinterziehung in enormer Millionenhöhe. Es ging um Bestechung, um die schwarzen Kassen des Flick-Konzerns und die daraus gekaufte deutsche Politik, um Geldkuverts, mal eine halbe Million Mark für Kohl und seine CDU, mal eine dreiviertel Million für CSU-Strauß. Und die FDP mit ihren Ministern Hans Friderichs und Graf Lambsdorff als Schatzmeister der Liberalen mittendrin.

Am nächsten Sonntagmorgen war, wie üblich, die neue SPIEGEL-Ausgabe per Eilpost von der Hamburger Zentrale an die Privatadresse zugeschickt worden. Erwartungsfroh schlug man das Heft auf, blätterte vorwärts und rückwärts, und nochmals vor und zurück: Die Geschichte war nicht zu finden. Durchsuchte das Inhaltsverzeichnis, nichts, die Geschichte war nicht im Blatt, war nicht gedruckt worden. Wenig später an jenem Sonntagmorgen war Rudolf Augstein am Telefon: Kein Wort des Lobes für gute Arbeit. Nur: Man solle sofort nach Hamburg kommen. Was denn mit der Spenden-Geschichte passiert sei? Augstein erwiderte, deshalb wolle er mit mir reden. Und legte auf.

Ob ich den SPIEGEL kaputt machen wolle, hat mich Augstein dann in Hamburg begrüßt. Was ich da anrichte sei viel gefährlicher für die Existenz des Blatts als die ganze SPIEGEL-Affäre. Die SPIEGEL-Affäre – Augstein war 1962 ins Gefängnis gesteckt worden, das Blatt hätte untergehen können wegen eines Artikels über die bedingt abwehrbereite Bundeswehr, die dem SPIEGEL von Franz Josef Strauß und Konrad Adenauer als Landesverrat ausgelegt worden war.

Er selbst, hat Augstein gesagt, hätte den Artikel kurz vor Andruck aus dem Blatt geräumt. Er sei vom »Grafen Silberkrücke« angerufen worden. So nannte er den kriegsversehrten unterschenkelamputierten Lambsdorff. Der habe Wind bekommen von unserer Story und der habe gedroht, wenn der Artikel erscheine, lasse er ihn, Augstein, und den ganzen SPIEGEL hochgehen. Was der denn gegen uns in der Hand habe? Mit seiner Antwort blieb Augstein im Ungefähren: Irgendwas mit Parteispenden, könnt' ich mir doch denken.

Mehrere Tage lang hat man mich bearbeitet. Mittags schon ging's in eine skandinavische Kneipe beim SPIEGEL-Hauptquartier, Chefredakteur Erich Böhme ist mitgekommen, und man hat gegessen, hat über Politik und über Politiker geredet, hat Bier und Linie Aquavit getrunken, nicht wenig, wie üblich mit den beiden.

Big Boss Augstein hat mir, dem wesentlich Jüngeren, dem Arbeitsredakteur, dann am zweiten Tag das Du angeboten. Kannte ich von Kollegen als einen seiner Tricks, um Widerspenstige zu umschmeicheln und gefügig zu machen.

Dann kam der nächste Trick. Augstein hat mich in der Kneipe im Beisein Böhmes gefragt, ob ich die ganze Angelegenheit nicht einfach vergessen könnte? »Wie viel willst du aus meiner Privatschatulle?«

Ich war auf der Hut. »Auf diesem Ohr bin ich taub«, habe ich geantwortet. Weil ich schnell geschaltet hatte. Wie viel ich aus seiner Privatschatulle wolle, konnte, ja musste eine Fangfrage des SPIEGEL-Herausgebers sein. Ob sein Redakteur, der vor ihm als drängender Saubermann saß, nicht selbst korrumpierbar war? Was wäre passiert, wenn ich gesagt hätte, wie viel bietest du? Zwei, drei Millionen? Dann hätte er mich am Haken gehabt. Hätte mich bloßstellen können, mich feuern müssen.

Doch es blieb dabei, der Text wurde nicht gedruckt. Augstein, Mitglied der FDP, hat den Daumen draufgehalten. Vier, fünf Wochen lang. Wir in Bonn haben weiter recherchiert. Bis wir dann herausgefunden haben, dass die Spitzenleute der Bonner Parteien SPD, FDP, CDU/CSU, Regierung wie Opposition, den Staatsstreich von oben planten. Was ich damit meine?, fragte Augstein in Hamburg, wo ich mit Kollegen wöchentlich mindestens einmal persönlich vorsprach.

Amnestie, klamm heimlich. Die wollten sich alle selbst straffrei stellen. Vorbei an Verfassung und Gesetzen. Illegale Spenden, Steuerhinterziehung, Vorteilsgewährung, Vorteilsannahme, Bestechung und Bestechlichkeit, alles und alle, Politiker wie Beamte und reiche Unternehmer sollten in einem gemeinsamen Gesetzentwurf von CDU/CSU, FDP und SPD in einem Aufwasch straffrei gestellt, das Grundgesetz geändert, die Hunderte Ermittlungsverfahren von Staatsanwaltschaft und Steuerfahndung gestoppt werden.

Wie wir das rausgefunden hätten und durch wen?, wollte Augstein wissen. Könne ich ihm nicht sagen.

Wir hatten in allen Parteien, in allen Ministerien, in fast allen Parlamentsgremien unsere Informanten. Mal wussten wir was über die und haben sie geschont, wenn sie brav und gut lieferten. Mal waren sie so zerstritten untereinander, hatten die solch einen Rochus aufeinander, so dass sie uns frei Haus streng vertrauliche Informationen zugeschoben haben, nur um ihren Feinden zu schaden. Wir saßen, sozusagen, auch im kleinsten streng geheim tagenden Kreis der Bevollmächtigten der Parteien für den Amnestiecoup. Um die Zusammenkunft nicht in den Terminkalendern der Sekretärinnen erscheinen zu lassen, hatte man sich persönlich über Telefon verabredet. Ein Teilnehmer der Runde hielt uns im eigenen Interesse auf dem Laufenden. Wir hätten den Mann seiner klebrigen Hände wegen, an denen so einiges an Schmiergeld haften geblieben war, ins Unglück zu stürzen vermocht. Musste man nicht unbedingt, der Mann saß nicht hoch genug, bei seinem Sturz hätte es nicht laut gescheppert. First things first, an den Leitspruch Willy Brandts hielten wir uns. Wenn es der Wahrheitsfindung diente.

Wenn die Story jetzt nicht erscheine, habe ich schließlich zu Augstein gesagt, sei ich weg, würde zum STERN 'rübermachen. Dort würde man mich gerne mitsamt meiner Informationen haben. Augstein hat nachgegeben, widerwillig. Am 7. Dezember 1981 wurde unsere Geschichte »Dann kann man sie nicht mehr hängen« endlich gedruckt, die Amnestie im letzten Augenblick verhindert. Mit nicht geringen Folgen.

Graf Lambsdorff hat sein Ministeramt verloren und eine Strafe von 180 000 Mark aufgebrummt bekommen wegen

Steuerhinterziehung und Beihilfe dazu. Sein Vorgänger, FDP-Bundeswirtschaftsminister Hans Friderichs musste 61 500 Mark Strafe zahlen. Helmut Schmidt verlor sein Amt des Bundeskanzlers des sozialliberalen Regierungsbündnisses. Das zerbrach, als Lambsdorffs FDP in der trügerischen Hoffnung auf Hilfe gegen die Ermittler in eine Koalition mit Helmut Kohls Unionschristen überlief. Die Gefahr für den SPIEGEL hatte der Herausgeber mit Hilfe eines Sündenbocks geschickt abzuwenden verstanden.

Größe hatte Augstein. In einem Vorwort zum SPIEGEL-Buch »Flick, die gekaufte Republik« (Hans Werner Kilz / Joachim Preuss, 1983, Rowohlt), hat Augstein sein Fehlverhalten eingeräumt. »Wer aber hat in der Bundesrepublik Deutschland den (Ermittlungs-)Beamten Rückhalt gegeben? Wer hat dafür gesorgt, dass sie unbehindert arbeiten konnten?« Dies sei mit Sicherheit das Bonner SPIEGEL-Büro gewesen, das »die Chefredaktion ständig bedrängt hat, die staatstragenden Stützen der Republik zu schleifen. Nur widerstrebend habe ich mich einer Argumentation gebeugt, die ich im Grunde doch für richtig halten musste. So strikt ich gegen jede Sonderamnestie aufgetreten war, unter anderem gegenüber meinem gräflichen Freunde, und immer auftreten würde: Es war … (das) Bonner SPIEGEL-Büro, (das) … uns davon überzeugte, dass die Öffentlichkeit angerufen werden musste.«

Die Buchautoren Kilz und Preuss schreiben: »Auf die Rolle des SPIEGEL in jenen Tagen muss an dieser Stelle – man möge uns das Wort in eigener Sache nachsehen – kurz eingegangen werden.« Denn ohne die Bonner SPIEGEL-Redaktion, die von der sittenwidrigen Generalamnestie Wind bekommen und darüber berichtet habe, wäre vieles vermutlich anders gelaufen. Unvergesslich, wie der deprimierte FDP-Generalsekretär Günter Verheugen in seinem Parteibüro den Staatsstreich von oben gestanden habe: »Das Ding hält keiner mehr auf. Alle machen mit, dagegen kommt keiner mehr an.« Das Autorenduo fährt fort: »Der SPIEGEL versuchte es.« Die erste Geschichte über die Winteroffensive der Parteien zur Entlastung ihrer Steuerhinterzieher erschien. »So erst erfährt die Mehrzahl der Bundestagsabgeordneten, was ihre Spitzenfunktionäre durch das Parlament schmuggeln wollen.« Zu Beginn der Nachforschungen schon, schrieben die beiden, hat manch einer der Journalisten-Kollegen in Bonn uns zu verstehen gegeben, der SPIEGEL sollte doch besser daran nicht rühren, sich die Hände nicht schmutzig machen. »Ob wir uns denn mit Gewalt isolieren wollten. Man selber schreibe ja auch nicht alles, was man wisse, und das sei nicht wenig.«

Ein geistlicher Herr, katholisch, bot den Rat, diese Welt sei eine Kugel, und wer nur stur gradlinig bleibe, entferne sich von ihr. Andere hielten daran fest, Graf Lambsdorff sei ein Ehrenmann oder, wenn vielleicht nicht, dann doch bei seiner anerkannt hohen Intelligenz keinesfalls so dämlich, sich derart plump bestechen zu lassen. Verdeckte Motive wurden dem SPIEGEL unterstellt: Den Grafen hätten wir, weil er die Wende wollte, in blindem Haß schlachten, die FDP kaputtmachen wollen. Und es gab auch andersherum Druck. Etwa den diskreten Hinweis, SPIEGEL-Herausgeber Rudolf Augstein hänge auch mit drin wegen Parteispenden. Augstein, Mitglied der FDP, hat im SPIEGEL ›in eigener Sache‹ mitgeteilt, er habe »der FDP und ihr nahestehenden Organisationen Geldbeträge zukommen lassen, legal«. Aber das dürfe »nicht dazu führen, daß eine Redaktion, hier die des SPIEGEL, hier ihre Berichtspflicht vernachlässigt und ihre Kontrollfunktion nicht ausübt. So etwas nennt man ›innere Pressefreiheit‹.«

Der SPIEGEL hat, wie die »ZEIT« schrieb, den »Zipfel der Decke aus Schweigsamkeit und Diskretion gelüftet«. Im Düsseldorfer Landtag aber wollte man sich an der Pressefreiheit vergreifen. Auf Antrag der nordrhein-westfälischen CDU-Fraktion sollte ein mit quasirichterlichen Befugnissen ausgestatteter Untersuchungsausschuss klären: Wie sind Teile der Ermittlungsakten der Spenden- und Flick-Affäre an die Öffentlichkeit, insbesondere an den SPIEGEL, gelangt? Eine Reihe von Journalisten wurde vorgeladen.

Name, Vorname, Geburtsdatum, Familienstand, Kinderzahl, sonst hatte der Autor nichts mitzuteilen. Mochten die Düsseldorfer Abgeordneten ihre Fragen noch so bemüht drechseln, die Antwort war der Hinweis auf die Pressefreiheit und das einem Journalisten zwecks Informantenschutz zustehende Zeugnisverweigerungsrecht. Hätte man ihnen doch nun schon mehrfach mitgeteilt.

Die Parlamentarier gerieten darüber in Wallung. Der SPD-Ausschussvorsitzende Rainer Maedge drohte Ordnungsgeld und Beugehaft an. Weigerte mich weiterhin, zur Sache auszusagen. Die Herrschaften zogen sich zur Beratung zurück, ob der SPIEGEL-Mann ins Gefängnis zu stecken sei. Sie haben sich nicht getraut. Der Zeuge wurde entlassen. Aus der Schusslinie waren wir nicht. Der inzwischen abgewählte SPD-Kanzler Helmut Schmidt versuchte hintenherum, uns in einem persönlichen Schreiben an Augstein madig zu machen.

Gestützt auf die Zuarbeit meiner Kollegen hatte ich in einem Namensbeitrag bis in die Einzelheiten nachgezeichnet, wie der – schließlich – gescheiterte Amnestiecoup abgelaufen war.

Weder Kanzler Schmidt noch Herbert Wehner, der Vorsitzende der SPD-Bundestagsfraktion, war dort zu lesen, hatten sich dem Angriff auf den Rechtsstaat aus den Reihen sämtlicher Bundestagsparteien in den Weg gestellt. Beide waren in die geheimen Pläne für den Staatsstreich von oben eingeweiht, beide hatten den Fortbestand ihrer Regierungsmacht sichern wollen, nachdem von den Freidemokraten die Kündigung der Koalition angedroht worden war. Und beiden war es auch darum gegangen, prominenten Genossen wie dem Bundesfinanzminister Hans Matthöfer und dem Parteischatzmeister Alfred Nau, die sich arg in die Spendenaffäre verheddert hatten, aus der Patsche zu helfen.

Kanzler Schmidt hatte im Übrigen, stand weiter in dem Artikel, eigene einschlägige Erfahrungen. Im Wahlkampf 1980 waren Manager und Industrielle gebeten worden, einen Kanzlerfonds mit versteuertem Geld zu speisen. Ohne nennenswerten Erfolg. Geberfreude war erst aufgekommen, als sich einer der üblichen Umwege auftat und die Spenden sich beim Finanzamt absetzen ließen. Am Tag gleich nach der Veröffentlichung, am 28. Juni 1983, schrieb Schmidt an Augstein.

»Ich begrüße, dass der SPIEGEL dieses Machwerk nicht unter der Verantwortung der Redaktion, sondern in persönlicher

Verantwortung des Herrn Koch erscheinen ließ. Ich kann allerdings hinsichtlich der journalistischen Sorgfalt keinen Unterschied zu einem anderen Herrn des gleichen Namens feststellen, der sich jüngst im STERN lebenslang blamiert hat.« (Die gesamte Spitze des »Stern«, in Verlag wie Redaktion, auch mein Bruder Peter Koch als einer der Chefredakteure, hatte sich bei den gefälschten Hitler-Tagebüchern täuschen lassen.)

Augstein rief mich an und berichtete über den Posteingang. Er stand zu seinen Redakteuren. In seinem Antwortschreiben vom 6. Juli 1983 wies er den Ex-Kanzler zurecht: »Scharfe Kritik an scharfer Kritik: Ja, immer. Nicht aber unbelegtes Schimpfwerk von Haus zu Haus, samt Sippenhaft.« An ein Gespräch über politische Sorgfalt dürfte Schmidt nicht gelegen sein.

»Good job of the SPIEGEL«, hatte uns Prinz Charles später dann beim Empfang in London gelobt. Man wandte sich zum Dinner. Erst kam, so auch für Tischnachbar Peter Ustinov und mich, die köstliche Kartoffelterrine mit gepökelter Vierländer Entenbrust, es folgten pochierte Wachteleier, Kaviarsahne, Löwenzahnsalat in Distelöl, dann kam das Malheur für Charles.

Verdammt, sagte der Thronfolger am Nachbartisch, das passiere ihm jetzt schon zum zweiten Mal. Ihm war ein Knopf von der Frackbrust in den Suppenteller gesprungen, mitten hinein in die Steinbuttkraftbrühe mit Safran und Hecht-Maultaschen. Rechts neben ihm Susi von Wechmar, Ehefrau des deutschen Botschafters in London, strahlend gut aussehend. Die blonden Haare hinten zusammengesteckt, dreilagiges Collier großer Perlen über dem Dekolleté, Perlenohrringe, die beige Tüll-Abendrobe fabelhaft geschnitten. Prinzessin Diana gegenüber am selben Tisch schien nicht bester Laune zu sein. Und die Mundwinkel rutschten noch tiefer, als ihr Charles heftig das Schäkern begann mit dieser Deutschen. Ob sie ihm nicht helfen könne, fragte der Charles die Susi, das Ding wieder an Ort und Stelle reinzustecken? Er hatte den Knopf mit einer Gabel aus der Suppe gefischt. Hätte sie noch nie gemacht, sagte die Susi, was sie denn tun solle? »Just screw it in«, nur reindrehen, antwortet der Prinz, und beide lachten laut, weil sie die andere, die schlüpfrige Bedeutung der englischen Vokabel kennen. Diana lachte nicht mit.

7
Die kalte Hand

Es war nicht so, dass in der SPIEGEL-Redaktion Bonn immer der Ernstfall herrschte. Wir haben viel gelacht.

Hartmut Palmer, ein akribischer Freund hoher Aktenstapel, am liebsten »Geheim« gestempelt, mit einem ausgeprägten Faible für Kontrolle, weshalb er bei uns »der Stalinist« genannt wurde, Hartmut also war sehr gut als Herbert Wehner. Den Mund schief verzogen, vermochte er im wehnerschen Stakkato zu schimpfen und spuckereich zu brüllen (»Sie Herrrr, Sie«, »dieser Herrr Hodentöter« »mit doppeltem Pariser«), als stünde der Zuchtmeister der Genossen, der Vorsitzende der SPD-Bundestagsfraktion, mit uns am Tresen der »Provinz«, der Kneipe gegenüber dem Bundeskanzleramt.

Außenpolitiker Richard Kiessler glänzte auf unseren Weihnachtsfeiern. Er gab den Marcel Reich-Ranicki. In seinen Vorträgen feuerte er, täuschend echt in seinen Zischlauten und gerollten Rs, die Satzsalven des Literaturkritikers ab, legte er wie Reich-Ranicki den Schwerpunkt seiner Rezensionen auf das Hauptproblem deutscher Autoren, auf die längst nicht ausreichende, ja fehlende Sexualität.

Oder wir berichteten einander von ungewöhnlichen Begebenheiten. Zum Beispiel darüber: Man war zu ausführlichen Gesprächen mit dem Minister Norbert Blüm verabredet, auf weiten Spaziergängen entlang der Klippen von Toehead an der irischen Südwestküste. Dicht nacheinander auf Cork Airport gelandet, sah man Blüm noch in der Gepäckhalle, aber nur kurz. Der Minister kauerte zwischen Koffern auf dem laufenden Gepäckband. Er entschwand durch den Lappenvorhang nach draußen und kehrte durch den zweiten Lappenvorhang wieder zurück, fuhr im Rund vorbei, winkte, hielt in der anderen Hand eine dunkelgrüne Taschenflasche des irischen Whiskeys Jameson hoch und verschwand wieder nach draußen und kehrte wieder zurück.

Plötzlich ein dunkelblauer Polizist der Garda Síochána na hÉireann (gälisch für: Hüter des Friedens in Irland) am Gepäckband. Machte sich einsatzbereit, indem er seine silbern geknöpfte Uniformjacke stramm zog. Man reichte dem Bundesminister für Arbeit und Soziales eine Hand und half ihm vom Gepäckband. »Sag dem, das machen wir in Deutschland immer so«, rief der des Englischen unkundige Blüm, woraufhin man dem Friedenshüter erst den Herrn vom Band als Mitglied der Bundesregierung der Bundesrepublik Deutschland vorstellte und ihm danach mitteilte, der Herr sei schon als Kind gern Karussell gefahren. Der Ire lächelte, höflich und freundlich, wie die Menschen dort sind, wohl wissend, dass sich nicht alles auf der Welt mit kühlem Menschenverstand erklären lässt. Er zog die Achseln hoch und murmelte, »good luck«.

In Sean Murray's Kleiderladen in Skibbereen/West-Cork

hat der Minister dann eine landestypische blaue Kappe erstanden und Irinnen erschreckt. Er hat sich drinnen an der Tür aufgestellt. Ahnungslose Kundinnen begrüßte er breit lächelnd per Handschlag. Die Frauen schrien auf, wenn sie Blüms Rechte ergriffen, so kalt und hart wie die war. Er hatte einer Schaufensterpuppe die Hand abgeschraubt. Die streckte er, verborgen gehalten in seinem Jackett-Ärmel, den Damen hin.

Klaus Wirtgen war unser bester Mann, wenn es um Informationen von SPD-Genossen, aus dem Konrad-Adenauer-Haus, der CDU-Zentrale, oder um Umtriebe im Kanzleramt ging. Klaus und der Autor, wir hatten uns angewöhnt, zu zweit heikle Recherchetermine wahrzunehmen. Das bot allerlei Vorteile, zum Beispiel bei »bad cop, good cop«-Spielchen mit widerspenstigen Informanten, vor allem aber bei

Die »Carabinieri« Klaus Wirtgen (l.) und Dirk Koch auf Streife in Moskau – »der eine kann nur lesen, der andere kann nur schreiben«

den Gerichtsprozessen, mit denen wir immer mal wieder nach Enthüllungsgeschichten überzogen wurden. Man hatte so immer einen Zeugen dabei.

Korrespondent Paul Lersch, scharfsichtiger Beobachter der Justizpolitik, der Freidemokraten und der Grünen, für uns »der Doktor« wegen seines akademischen Titels, setzte in der Morgenkonferenz die Kollegenschar darüber in Kenntnis, was ihm von Politikern und Journalisten zugetragen worden sei: Die beiden SPIEGEL-Leute Wirtgen und Koch müssten stets gemeinsam auf Streife gehen. Sie würden die »Carabinieri« genannt. Und sie hätten keinen Winkel, sondern je nur einen Streifen auf dem Ärmel. Weil: »Der eine kann nur lesen, der andere kann nur schreiben.«

In der Morgenkonferenz am 21. Oktober 1971 Bericht über die Vorkommnisse des Vorabends: Ohne den Bonner SPIEGEL wäre die Geschichte der Bundesrepublik um eine noble Geste ärmer.

Wie des Öfteren hatte gegen sechs Hermann Höcherl auf ein Glaserl in der Bonner Redaktion beim Bundeshaus vorbeigeschaut, Whiskey bevorzugt. Man trank noch ein Glaserl und noch eins, der rundliche CSU-Bundestagsabgeordnete rauchte Kette, Camel ohne Filter, am Grad der zunehmenden Unverständlichkeit seiner genuschelten niederbayerischen Ausführungen war abzumessen, wann er, wie üblich, in seinem Sessel in einen kurzen tiefen Schlaf einnicken würde. Gegen abends um zehn war der Bundesinnenminister außer Diensten wieder wach und wieder ganz gut beisammen und hörte erst nicht richtig zu, als wir sagten, wir fahren jetzt zum Brandt, kommen Sie doch mit. Wie, zu

CSU-Politiker Hermann Höcherl (l.) beim Umtrunk in der Redaktion Bonn mit Redakteur Dirk Koch (r.) – vom SPIEGEL mitgenommen zu Willy Brandts Feier anlässlich der Verleihung des Friedensnobelpreises an den Bundeskanzler

Brandt? Zum Kanzler nach Hause? Es ist doch schon spät, will eigentlich ins Bett. Aber, warum eigentlich nicht? Gute Idee.

Wir nahmen den CSU-Mann mit in unserem Redaktions-Volvo, Fahrer Andreas Mahlberg steuerte uns aus dem Regierungsviertel hinauf auf den Bonner Venusberg, zum Amtssitz des Regierungschefs. Es war Höcherl gewesen, der neben zwei CDU-Bundestagsabgeordneten als einziger CSU-Parlamentarier von seinem Sitz aufstand und applaudierte, als gegen 17 Uhr im Bundestag die Verleihung des Friedensnobelpreises an den deutschen Bundeskanzler bekanntgegeben wurde. Die Reihen der sitzenbleibenden Unionschristen waren noch fest geschlossen in ihrer Opposition gegen Brandts Ostpolitik und die zur Ratifizierung anstehenden Ostverträge.

Wir traten ein bei Brandts, uns umfing ein fröhliches Fest, Horst Ehmke, Günter Grass, Egon Bahr, die Freunde und Weggefährten, alle da. Der SPD-Bundeskanzler hatte den Preis für seine auf Frieden und Ausgleich angelegte Politik gegenüber Moskau und anderen Warschauer-Pakt-Staaten erhalten. Höcherl, einigermaßen nüchtern, gratulierte nach dem Handkuss für die Kanzlergattin Rut Brandt dem »verehrten Herrn Bundeskanzler« artig, die Augen tief verborgen in den verschmitzten Falten. Trank Sekt auf das Wohl des politischen Gegners, sagte: »Ich mag den Kanzler, weil er für den Frieden ist, aber der Kerl muss weg. Wenn er bleibt, ist es auch nicht schlimm.« Gemünzt auf den von ihm nicht sonderlich geschätzten CSU-Chef Franz Josef Strauß aus Oberbayern fügte der gebürtige Brennberger hinzu: »Wir in der Oberpfalz waren schon degeneriert, ehe München überhaupt gegründet wurde.« Brandt warf den Kopf zurück, lachte schallend. Ehmke: »Klasse, der Hermann.« Außer ihm hat keiner von der CDU/CSU den Weg gefunden zu Brandts Feier.

Thema einer Morgenlage war auch der einäugige Waffenhändler Gerhard Mertins. Der war ein fanatischer Gegner Willy Brandts und dessen auf Ausgleich mit den Kommunisten bedachten Ostpolitik und hatte sich den Reaktionären in der CDU/CSU als Verbündeter angedient. Mit ihm waren wir zum Interview auf seinem Gut Buschhof nahe Bonn verabredet. Da er dem SPIEGEL, diesem linken Hetzblatt, überhaupt nicht traute und in größter

Sorge war, wir könnten seine Äußerungen entstellt wiedergeben, hatte er als seine Schutzgarde einen Rechtsanwalt, eine Sekretärin mit Tonband und einen Mann hinter Stativ und schussbereiter Filmkamera aufgeboten. Nach dem einstündigen Interview (Mertins: Beim Waffenhandel »handelt es sich nicht um Geschäfte, sondern um die Befriedung von Sicherheitsbedürfnissen eines anderen Landes«) sprachen wir ihn auf die Vorsichtsmaßnahmen gegen den SPIEGEL an. Seine Filmaufnahmen seien leider wertlos. Beim nächsten Mal, empfahlen wir ihm, solle er doch darauf achten, dass sein Kameramann vor Beginn des Interviews die Schutzkappe vom Objektiv abnehme.

Oder: Im Skat war Lothar Späth gut. Wir saßen mal wieder mit dem baden-württembergischen Ministerpräsidenten in dessen Stuttgarter Amtssitz Villa Reitzenstein zusammen, im kleinen Esszimmer gleich neben der Küche, und kloppten Pfennigskat. Gewinne und Verluste waren nach jeder Runde bar auszubezahlen, Beträge jeweils um die zehn D-Mark wechselten in Münzen und Scheinen die Besitzer. Bis dann nach einer Bockrunde, in der sich Gewinn und Verlust verdoppeln, das Ramschen begann – es gilt, möglichst wenige Punkte zu machen. Verloren hat, wer die meisten Punkte hat. Ramschen müsste dem sparsamen Schwaben liegen. Tat es aber nicht, jedenfalls an diesem Abend nicht. Oder die Karten waren mies. Der Landesvater verlor, Spiel um Spiel. Skatbruder Klaus Wirtgen hatte »geschoben«, Skatbruder Dirk Koch war »Jungfrau« geblieben, was jeweils die Verluste verdoppelte: Skatbruder Lothar Späth musste blechen. Die Fünfzig-Mark-Grenze wurde geknackt, in der

Baden-Württembergs Ministerpräsident Lothar Späth mit Redakteuren Klaus Wirtgen (l.) und Dirk Koch im Amtssitz Villa Reitzenstein – »Wenn ihr vom Lotharle noch was erfahren wollt, müsst ihr den gewinnen lassen«

zweiten Ramschrunde fiel die Siebzig-Mark-Marke. Der Schwabenkopf, normalerweise bleich – nun hochrot angelaufen.

Es hielt den Regierungschef nicht mehr am Tisch. Er sprang auf und spreizte schon in der Türe zu Küche hin die leeren Fächer seiner Börse auf und rief seiner Frau zu: »Die plündern mich, die spielen falsch.« Unter dem Tisch bekamen wir leichte Tritte gegen die Schienbeine. Kiebitz Matthias Kleinert, Späths Sprecher, zischelte uns zu: »Wenn ihr vom Lotharle noch was erfahren wollte, müsst ihr den gewinnen lassen.«

Das Lotharle kehrte zurück, es hatte sich in der Küche zwanzig Mark geborgt. Wir taten, wie uns empfohlen. Mit steigenden Einnahmen besserte sich die Laune des Christde-

SPD-Vorsitzender Willy Brandt 1981 im Gästehaus der Moskauer Regierung beim SPIEGEL-Gespräch, an dessen Ende er den Abhörspezialisten mit einem Antikriegslied eine Freude machen will (mit Redakteuren Klaus Wirtgen (l.) und Dirk Koch)

SPD-Chef Willy Brandt berichtet den SPIEGEL-Redakteuren Dirk Koch (l.) und Klaus Wirtgen in Moskau von der Bereitschaft des KPdSU-Generalsekretärs Leonid Breschnew, das Wettrüsten zu beenden

mokraten. Als strahlender Sieger beendete er die letzte Runde. 12,72 Mark Gewinn zählte er uns aus seinen Münzentürmchen vor. Für uns hat sich der Abend dann auch gelohnt. Bei einer neuen Flasche Weißwein erfuhren wir allerlei Interessantes. Um wen und was es ging, kann leider nicht mitgeteilt werden (Informantenschutz).

Mitbringsel aus Moskau: Eine Tonbandkassette von unserem SPIEGEL-Gespräch mit dem SPD-Vorsitzenden Willy Brandt. Hatten wir nach dessen Treffen mit KPdSU-Generalsekretär Leonid Breschnew im Juli 1981 in einem der Gästehäuser der sowjetischen Regierung auf dem Lenin-Hügel geführt. Brandt war gut gelaunt. Breschnew hatte ihm signalisiert, dass die Wettrüsterei ein Ende haben müsse, und er hatte lange mit seiner neuen Liebe Brigitte Seebacher in

SPIEGEL-Redakteure Dirk Koch (l.) und Klaus Wirtgen lauschen Willy Brandts Gesang »Nie, nie woll'n wir Waffen tragen, nie, nie woll'n wir wieder Krieg«

Deutschland telefoniert. Zum Ende des Interviews sagte er: »So, jetzt wollen wir den Freunden vom KGB, denen mit den dicken Kopfhörern, auch mal eine Freude machen.« Wir schoben für die Kollegen in der Redaktion die Kassette ins Tonbandgerät ein. Der SPD-Vorsitzende hob das Singen an. »Nie, nie woll'n wir Waffen tragen, nie, nie woll'n wir wieder Krieg«, schmetterte Brandt, wie er es in seiner Jugend bei den »Roten Falken« gelernt hatte. Auf dass die Abhörspezialisten nur ja die Botschaft deutlich mitbekamen. »Lasst die hohen Herren sich alleine schlagen, wir machen einfach nicht mehr mit.«

8
Das kleine Wunder von Beiseförth

Der legendäre Fernsehmann Hanns Joachim Friedrichs hat einen Lehrsatz aufgestellt. »Einen guten Journalisten erkennt man daran, dass er sich nicht gemein macht mit einer Sache, auch nicht mit einer guten Sache.« Der Satz wird oft und gerne in Journalistenschulen und Reporterlehrbüchern zitiert. Der Spruch macht auch dadurch nicht mehr Sinn. Was heißt denn, »sich gemein machen«? Wer engagiert für Frieden, für Abrüstung, für Gleichberechtigung, für Klimaschutz, gegen Armut, gegen Ausländerfeindlichkeit, gegen Kinderpornographie, gegen Turbokapitalismus schreibt und filmt, selbstverständlich mit Argumenten und Gegenargumenten, macht er sich dann gemein? Warum sollte er sich nicht mit einer Sache gemein machen, wenn er sie für gut hält und dies auch mitteilt? Ist es schlechter Journalismus, wenn im Interesse eines übergeordneten Zieles über etwas, zum Beispiel den Vorfall von Beiseförth, nicht berichtet wird? Nein.

Es dunkelte, als die Aktion der großen hellen Hoffnungen anlief. Gegen 20 Uhr ruckte im Bonner Bahnhof am 18. März 1970 der Sonderzug Willy Brandts an, es ging nach

Erfurt in der DDR zum ersten deutsch-deutschen Gipfel. Der Bundeskanzler strahlend heiter, in seine Entspannungspolitik mitten im Kalten Krieg war ja Bewegung gekommen, die Verhandlungen zu den Ostverträgen mit Moskau und Warschau entwickelten sich vielversprechend. Morgen früh nun das erste offizielle Treffen des Bundeskanzlers der Bundesrepublik Deutschland mit dem Ministerpräsidenten der Deutschen Demokratischen Republik, Willi Stoph. Und dies ganze anderthalb Jahre nach dem Ende des Prager Frühlings, nach der Besetzung der reformgeneigten ČSSR durch 500 000 Soldaten des Warschauer Paktes. Nun, erst hatte es noch gehakt. Die DDR-Führung wollte, anerkennungsversessen, die Zusammenkunft in ihrer Hauptstadt Ostberlin stattfinden lassen, der Regierungsflieger aus Bonn sollte in Ostberlin-Schönefeld landen. Die Bonner lehnten ab, beharrten auf Landung in Westberlin, als Demonstration der Zugehörigkeit Westberlins zur BRD.

Die DDR-Führung lehnte ab. Doch daran sollte die Begegnung nicht scheitern, man verständigte sich auf Erfurt, östlich der Todesstreifen und Drahtverhaue der innerdeutschen Grenze. Die DDR wollte die völkerrechtliche Anerkennung, auf die dann Verbesserungen der innerdeutschen Beziehungen, insbesondere Reiseerleichterungen folgen sollten. Die Regierung Brandt setzte auf die umgekehrte Reihenfolge.

Im Sonderzug – zwei Salonwagen, fünf Schlafwagen, zwei Speisewagen, ein Fernmeldeanhänger – Regierungsoffizielle, Leibwächter, Dutzende Journalisten, Gelächter, Wein, Whisky, aufgekratzte, übermütige Siegesstimmung. Für die

Öffentlichkeit intoniert hatte das große Abenteuer des DDR-Besuchs der Bonner Regierungssprecher, Staatssekretär Conrad Ahlers. Er machte Anleihen beim Vokabular imperialer Eroberer aus Kolonialzeiten und redete in den Tagen vor der Fahrt davon, eine »terra incognita«, unbekanntes Land, ein weißer Fleck auf der Landkarte, sei das Ziel der Reise. Die Fahrt ging über Köln und Wuppertal nach Hagen in Westfalen, dann weiter über Kassel zum kleinen Bahnhof Beiseförth bei Melsungen, wo der Zug für den Rest der Nacht auf einem Nebengleis abgestellt wurde. Der Kanzler hatte sich nach Abendessen und einem ordentlichen Rotwein in sein Schlafabteil zurückgezogen.

Im Speisewagen der Journalisten brauste die Party. Mitternacht war vorbei. Einer der engsten Mitarbeiter Brandts, ein ranghoher Beamter und für die Bonner Regierung an exponierter Stelle tätig, stieg in der Mitte des Waggons schwankend auf einen Tisch. Der Mann reckte das Sektglas hoch. Dann gröhlte er nach links und nach rechts laut lachend den Presseleuten zu: »Wie fühlen wir uns? Wie auf dem Polenfeldzug.«

Wie auf dem Polenfeldzug – hätte einer der Journalisten eine Meldung über diesen Satz aus der Delegation des Bonner Kanzlers abgesetzt, hätte die DDR-Führung den Vergleich des Brandt-Vorstoßes in die DDR mit dem Überfall der Hitler-Wehrmacht auf Polen zu Beginn des Zweiten Weltkriegs mitbekommen, Stoph hätte das Treffen wohl abgesagt, Brandt hätte zurück nach Bonn fahren müssen.

Es geschah das kleine Wunder von Beiseförth: Alle hielten dicht. Auch die CDU/CSU-nahen Journalisten im Tross, die Brandts Ost- und Deutschlandpolitik ablehnten. Mag sein,

Moskau 1969: Helmut Schmidt erkundet bei Sowjet-Außenminister Gromyko Chancen für eine Politik des friedlichen Ausgleichs (im Hintergrund stehend: Dirk Koch)

weil es, lange vor der Erfindung des Mobiltelefons, spät in der Nacht vom abgestellten Sonderzug aus unmöglich war, mit der Außenwelt zu kommunizieren. Aber es gab Telefonzellen auf dem Bahnhofsgelände.

Auch ich schrieb nicht darüber. Die Worte eines angetrunkenen Regierungsoffiziellen sollten nicht eine Politik beschädigen dürfen, die ich gut fand und bei deren tastenden Anfängen ich dabei gewesen war. Die beiden deutschen Staaten, voll gestopft mit gegeneinander gerichteten Atomwaffen, waren ja die gefährlichste Gegend des Planeten. So durfte es nicht bleiben. Im August 1969 zum Jahrestag der ČSSR-Invasion hatten wir, wenige Journalisten, Helmut Schmidt nach Moskau begleitet. Der damalige Chef der SPD-Bundestagsfraktion und der Sowjetaußenminister Andrej Gromyko verständigten sich, dass man wenigstens prüfen wolle, ob eine Politik des friedlichen Ausgleichs eine Chance hätte.

Vollends überlagert wurde der Zwischenfall im Sonderzug durch die Ereignisse des nächsten Tages: Trotz des frühen Morgens freudiges, hoffnungsfrohes Willkommen, Winken überall, links und rechts der Gleise. Es wurden Blumensträuße geschwenkt, die Menschen klatschten, begeistertes Rufen entlang der ganzen Strecke des Sonderzugs vom Grenzbahnhof Gerstungen bis Erfurt. Auf den Fensterbrettern etlicher Häuser standen Vasen mit bunten Blumensträußen. Unter den Fenstern spannten sich Betttücher als Banner mit aufgemalten Grüßen an Willy Brandt. Der Reporter der »Süddeutschen Zeitung«, Hans Ulrich Kempski, schrieb: »Tausende strecken ihre wie betend gefalteten Hände aus. Und viele, sehr viele weinen.« Über den nächtlichen Vorfall im Zug auch von Kempski kein Wort.

Vor dem Konferenzhotel »Erfurter Hof« durchbrachen Tausende DDR-Bürger die Polizeisperren. Sprechchöre setzten ein. »Willy, Willy.« Und: »Ha ho he – der Brandt, der ist okay.« An einem Fenster im ersten Stock des Hotels zeigte sich Conrad Ahlers, er winkte. Beifall flatterte auf, den Ahlers kannte man vom Fernsehen. Aber die Leute riefen weiter nach Brandt wie nach einem Retter. »Willy Brandt ans Fenster, Willy Brandt ans Fenster.« Bis sich der Bundeskanzler endlich zeigte. Brausender Jubel. Mit nach unten gesenkten Handflächen suchte Brandt die Menge zu besänftigen. Mit geringem Erfolg. Er lächelte verhalten, senkte grüßend den Kopf, zog sich nach einer knappen Minute zurück. Er wollte nicht, dass sein als Geste der Verständigung gedachter Besuch in eine Demonstration gegen die Gastgeber umschlug.

Erst gegen Mittag hatten Stasi und Vopo die Innenstadt wieder unter Kontrolle. Linientreue Demonstranten waren in grünen Lastwagen unter Planen herangeschafft worden. Die riefen dann: »Hoch hoch hoch – es lebe Willi Stoph.« »Der Tag von Erfurt«, hielt Brandt in seinen 1989 erschienenen »Erinnerungen« fest, »gab es einen in meinem Leben, der emotionsgeladener gewesen wäre?«

Alle die, die nichts über die Entgleisung im Zug berichtet haben, die haben sich mit einer guten Sache gemein gemacht und waren deshalb keine schlechten Journalisten.

9

Wie kommt ihr denn hier rein?

»Journalismus ist Reden auf dem Flur«, gilt heute wie früher, wenn es um den Austausch von Ideen und Klatsch mit den Kollegen geht. Googeln im Netz ist gut, muss sein, reicht nicht. Einsam über den Computer gebeugt, womöglich nicht mal mehr in den Räumen einer Redaktion, sondern im »home office« – dabei kann nicht viel guter Journalismus herauskommen. Man muss viel miteinander reden, immer noch, innerhalb und außerhalb der Redaktion. Wie war es damals, lange vor dem Internet?

Das politische Büro des SPIEGEL in der Bundeshauptstadt, geführt vom Vollprofi Erich Böhme, das war für junge Redakteure der Gipfel, der Piz Palü der Karrierekraxelei. Im Oktober 1970 – geschafft. Voller Tatendrang rückte man ein in ein Spitzenteam von Journalisten, deren Namen gleichwohl nur Kennern der Szene geläufig waren, SPIEGEL-Redakteure arbeiteten anonym. Schreibangst, Horror vacui, der Schrecken des leeren Blatts – kein großes Problem, nach Grundausbildung im »General-Anzeiger Bonn«, schneller Meldungs-Präzisionproduktion bei der Deutschen Presse-Agentur (dpa), Leitartikeln und Reportagen für die »Stuttgarter Zeitung«. Aber ganz leicht fiel das Umstellen auf die Magazingeschichten nicht, die durch ihren Spannungsbogen den Leser fesseln sollen.

Böhme wechselte als Chefredakteur nach Hamburg, man rückte ein in die Büroleitung. Nach und nach verlor sich leider in den neuen Zeiten jener schöne alte Brauch, in der Nacht vor Redaktionsschluss vom Büroboten Cognac und kastenweise Bier einholen und in einigen der Zimmer Campingliegen aufstellen zu lassen. Falls ein Redakteur nach Trunk und Geistesarbeit kurzer Ruhepausen bedurfte. So gestärkt, kannte die Kreativität in den alten Zeiten kaum eine Grenze; zum Beispiel, wenn es an neuen Kostproben für das Englisch des CDU-Bundespräsidenten Heinrich Lübke mangelte. »Equal goes it loose«, gleich geht's los, ein gelungenes Ergebnis solchen Erfindungsreichtums.

Nicht jede Woche brachte es mit sich, dass jede Geschichte der Redaktion lesbar und pünktlich fertiggestellt wurde. Dann ging eben gegen drei Uhr in der Früh, knapp vor der Deadline, über Fernschreiber die Meldung an die Zentrale: »Mangels schlussgerechter Einfälle Rest morgen.« Das Gemeckere war gelassen hinzunehmen. Man war von den Kollegen eingeweiht worden: Die Neurosendichte pro Kubikmeter umbauten Raums sei nirgendwo in der ganzen weiten Bundesrepublik größer als im Hamburger SPIEGEL-Hochhaus. Doch es begab sich nach und nach, dass die Korrespondenten, statt sich Nächte um die Ohren zu schlagen, lieber ausgeschlafen früh morgens zum Schreiben kamen. Und es verlor sich die Praxis, dass jeder für sich hinter geschlossener Bürotür recherchierte und schrieb. Wir entwickelten den kooperativen Journalismus.

Wie beim Judo wandelten wir Schwäche in Stärke. Der reguläre SPIEGEL-Mitarbeiter, im Hausjargon »Arbeitsredakteur«, hatte in jenen Zeiten namenlos für Ehre und Ruhm des Herausgebers Augstein und seines Blattes zu schaffen; nur in den oberen Stockwerken der Hierarchie erhielten .Beiträge einen Autorennamen. Und man hatte es mit einem unsinnigen Sozialdarwinismus zu tun, der in den Schädeln einiger leitender Redakteure herumspukte: Jeder solle gegen jeden arbeiten und der beste sich durchsetzen. In unserem Büro ging ein gutes Dutzend »AA«s (anonyme Arbeitnehmer) seinem Wochenwerk nach. Das ließ sich nutzen für engste Zusammenarbeit. Es gab ja keinen hinderlichen Autorenehrgeiz.

Das Fehlen der Namenszeilen über oder unter den Artikeln begünstigte die Bereitschaft zur Zusammenarbeit, zum Nehmen und zum Geben beim Sammeln von Informationen und beim Schreiben im Team. Mindestens zwei- bis dreimal täglich hockte man beieinander und tauschte sich aus über heiße Tipps und scharfe Geschichten. Es war ein Kreis souveräner Journalisten. »Le cercle royal«, wie damals Bernard Nuss, der Pressechef der französischen Botschaft, den Bonner SPIEGEL nannte. Klar, gefiel mir, den Kollegen natürlich auch: Es war ja jeder ein souveräner Könner in seinen Zuständigkeitsbereichen. Außen und Sicherheit, Militär, Inneres, Soziales, Währung, Finanzen, Wirtschaft, Familie und Jugend, Parlament, Parteien, Geheimdienste – die ganze Fülle der Politik wurde von den Kollegen, oft überlappend, abgedeckt.

Jeder war gehalten, in seinen Bereichen, besser und früher als die Konkurrenz informiert zu sein, sein Informantennetz zu hegen, zu pflegen und stetig weiter zu knüpfen. Wenn immer möglich, erhielten die Kollegen Politikbereiche, für die sie sich interessierten und in denen sie gerne arbeiteten. Jemanden mit Entwicklungshilfe oder Bildungspolitik zu betrauen, der lieber über Gewerkschaften oder das Kanzleramt schrieb, wäre nicht klug gewesen.

Ein Schwerpunkt des Kontaktaufbaus und der Kontaktpflege war die Begleitung von Politikern und ihren engsten Mitarbeitern auf Reisen in nahe oder ferne Länder. Wenn dabei eine aktuelle Geschichte abfiel, umso schöner. Gezahlt hat der SPIEGEL immer selbst, einladen ließ man sich nicht.

Niemand sah sich mit einem Problem allein gelassen. Recherchenansätze waren sorgfältig zu besprechen und durchzuplanen. Wer sollte mit wem wozu reden? Oft kümmerten sich zwei, drei oder auch mehr Korrespondenten um dasselbe Thema. Eingesammelte Informationen aus den Gesprächen mit den Quellen waren, schriftlich fixiert, mit den anderen in der Gruppe zu teilen und abzugleichen, Akten, oft vertrauliches oder geheimes Material, in Kopie weiterzugeben.

So verschlossen und stachelig nach außen die Redaktion bei der Wahrung ihrer Geheimnisse war, im Innern tauschte man sich recht offen aus, auch über Informanten und deren Glaubwürdigkeit. Die Mitglieder eines Teams hatten so den gleichen Wissensstand, wichtig für neue, unerwartete Recherchenansätze und wichtig auch – wenn man denn zu dem Schluss kam, nun reiche es mit den Informationen – für das gemeinsame sorgfältige Gliedern des Artikels. Spannungsbogen zwischen Einstieg und Schlussgag, Erzählteile, Analyse, Pathetisieren, zeitliche Rückrollen, alles wurde absatz-, ja satzweise zwischen den Autoren beraten und das Konzept in Kürzeln von einer Sekretärin notiert und vervielfältigt an das Team verteilt.

Das eigentliche Schreiben der Geschichte fiel dann leicht. Jeder der Beteiligten übernahm einen Teil der Gliederung. Das Zusammenfügen der einzelnen Teile gelang meistens ohne Naht. Hat uns immer wieder erstaunt und gefreut.

Kam ein Manuskript zum Büroleiter als erstem Leser auf den Tisch, vermied der es tunlichst, eigenmächtig im Text zu streichen und Korrekturen hinein zu pinseln. Einige Anstriche und Fragezeichen am Rand, das musste reichen für die Rücksprache, und nicht in dickem Chef-Rot, sondern mit blassem Bleistift, der sich radieren ließ. In der schreibenden Zunft sind wir alle zarte Seelchen, deren Selbstwertgefühl mit größter Behutsamkeit zu pflegen ist.

Den Chef raushängen, das ging gar nicht in jenem Team. Locker bleiben! Der König war von Königen umgeben, die ihm oft in ihren Reichen an Wissen und Schreibkünsten überlegen waren. Und man durfte in der Arbeit den anderen nicht zumuten, was man nicht auch selbst zu tun bereit war. Von vorne führen, nicht von hinten aus dem Sessel. Genauso wenig durfte man es zulassen, dass von außerhalb, von Hamburg aus, in die Redaktion und ihr fein gesponnenes Informationsgeflecht hineingefummelt wurde.

Der Bürochef hatte auf dem Rang eines Ressortleiters zu bestehen. Er war der Chefredaktion unmittelbar zugeordnet. Keiner der Hamburger Ressortleiter vermochte Weisungen an die Bonner zu erteilen.

Es gelang, die Chefredakteure eng an die Redaktion in der Bundeshauptstadt anzubinden. Saßen doch in Bonn die Garanten für eine Sorge weniger im stressigen Dasein in der Chefredaktion. Die Bonner lieferten verlässlich, von Ausnahmen abgesehen, jede Woche den qualifizierten Aufmacher des politischen Heftteils. Dazu kam von dort auch der rege Zufluss vertraulicher Hintergrundinformationen, die zum Herrschaftswissen in den obersten Stockwerken des Hamburger SPIEGEL-Hauses beitrugen.

Selbstverständlich wäre die Bereitschaft der Korrespondenten, sich Tag um Tag, Woche auf Woche, Jahr für Jahr immer aufs Neue ins Getümmel zu stürzen, nicht zu erhalten gewesen, wenn es mit der Anerkennung gehapert hätte. Wer überwiegend anonym schrieb, musste sicher sein, dass seine Leistung intern wahrgenommen wurde und sich dann auch im steigenden Gehalt zeigte. Da war der Bürochef gefordert. Nur so viel zum Ergebnis der durchweg angenehmen Verhandlungsrunden mit der Blattleitung: Wir in Bonn haben nicht ganz schlecht verdient.

Nah herangehen an die Politiker und Beamten, frühzeitig Begabungen unter ihnen erkennen, das Geflecht der Quellen stetig und unverdrossen auszuweiten, dabei Ehefrauen, Sekretärinnen, Fahrer nicht vergessen, das zahlte sich aus in guten, exklusiven Geschichten.

Den ganzen Recherchenaufwand hätte der SPIEGEL nur treiben können, weil das Blatt viel Geld verdiente? Stimmt nur zum Teil. Mindestens ebenso wichtig: Der Verleger war Journalist. Gut recherchieren kann man auch mit wenig Geld, auch heute noch. Was man braucht: Grips, Freundlichkeit, Zeit – und Vertrauenswürdigkeit, auch wenn sie schwer zu erlangen und zu erhalten ist.

Ein anderer, ganz schöner, Lohn der ganzen Mühen: Helmut Kohl hat uns als Gegner ernst genommen, den SPIEGEL angeblich nicht gelesen (stimmte nur halb, sonntagmorgens ließ er sich von seinem Pressesprecher Eduard Ackermann, wenn der per Eilboten ein Vorabexemplar erhalten hatte, die wichtigsten Geschichten am Telefon vorlesen).

Kohl hat dem SPIEGEL kein Interview mehr gegeben, nachdem er sich in einem SPIEGEL-Gespräch verplappert hatte: Er sei »ein Generalist und kein Spezialist«. Der »Generalist Kohl«, ein Wahlkampfschlager der SPD.

Eine Titelgeschichte auf den letzten Drücker schreiben? Mit der eingespielten Spitzentruppe ein tragbares Risiko. Etwas eng wurde es beim deutsch-deutschen Gipfel 1980, als

Als Helmut Kohl noch mit dem SPIEGEL redet, den er angeblich nicht liest (mit Redakteuren Erich Böhme (l.) und Dirk Koch in der Mainzer Staatskanzlei)

sich Helmut Schmidt und Erich Honecker nach dem Staatsbegräbnis des Marschalls Josip Broz Tito an einem Donnerstagabend in Belgrad trafen. Redaktionsschluss war am Freitagabend.

Wir waren im halben Dutzend ausgerückt, um in der jugoslawischen Hauptstadt, die City war von den Blaulichtkolonnen der Staatsgäste für das größte Begräbnis der Menschheitsgeschichte blockiert, nach einem genau vorbesprochenen Einsatzplan an Informationen zu gelangen. Die Hamburger Redaktion verließ sich auf uns, der Platz im Heft war reserviert, das Titelbild Schmidt/Honecker sollte unser Fotograf Jupp Darchinger aktuell aus Beldgrad liefern.

Zuweilen hat Bertolt Brecht Recht: Ja, mach nur einen Plan! Sei nur ein großes Licht! Und mach dann noch 'nen zweiten Plan. Gehn tun sie beide nicht.

Mein nach Uhrzeit und Treffpunkt genau getakteter Rechercheneinsatz endete an jenem Donnerstag um 15.48 Uhr auf dem Wege abwärts zwischen dem dritten und zweiten Geschoss unseres Hotels in der Belgrader Innenstadt. Der Aufzugskäfig blieb exakt in der Mitte zwischen den beiden Etagen stecken, rührte sich nicht mehr. Stromausfall.

Es war einer dieser altmodischen offenen Gitterkonstruktionen in der Mitte des Treppenhauses. Der serbische Liftboy rief einem Zimmermädchen etwas zu, wohl, dass es Hilfe herbeiholen solle. Erst geschah nichts.

Dann kam der Empfangschef im schwarzen Anzug mit silberner Krawatte die Treppe hinaufgestiegen, bedachte uns Gefangene – es waren noch ein dicker Schweizer und seine dünne Frau, beide mittleren Alters, in der Kabine – mit bedauerndem Hochziehen beider Schultern. Dann stieg er die in Stiegen um den Aufzug führende Treppe wieder hinab und verschwand aus unserem Blickfeld.

Zwei Kollegen deutscher Tageszeitungen kamen die Treppe herab. Sie entdeckten uns und lachten laut. Einer rief: »Endlich. Der SPIEGEL hinter Schloss und Riegel.« Sie trällerten den Titel des Bergmannslieds: »Glück auf, der Steiger kommt.« Sehr, sehr komisch, mögen sie vor lauter Lachen stolpern und die Stufen runterfallen.

Der dicke Schweizer flüsterte zu seiner Frau hin, jetzt würde es aber Zeit, er müsse auf die Toilette. Der Liftboy drehte wieder an seiner Steuerkurbel. Der Kasten rührte sich nicht. Nach 21 Minuten sahen wir Passagiere endlich auf die grauen Hosenbeine eines Handwerker-Overalls, dessen Eigner die Türe zum Aufzugsschacht im dritten Stock mit einem Brecheisen aufzuhebeln trachtete. Das dauerte.

Um 17.17 Uhr sprang die Türe auf. Der Liftboy entriegelte die Kabinentür, schob sie zur Seite. Ich setzte die Hände auf den Boden des dritten Stocks, sprang etwas in die Höhe, stemmte mich hoch, verließ den Aufzug auf Händen und Knien. Der Handwerker half mir beim Aufrichten, klopfte meine Hose ab. Das Schweizer Paar, trotz der Nöte des Herrn, traute sich nicht, es mir nachzutun. Vielleicht wäre der Eisenkäfig bei Rückkehr des Stroms angeruckt, das Hinausklettern hätte sehr ungesund werden können.

Ich kam zu spät, meine Verabredungen – geplatzt. Der Mann aus dem Kanzleramt war nicht mehr im Straßencafé des Hotels, der Diplomat im Café gegenüber auch nicht mehr.

Das Treffen der beiden deutschen Regierungschefs war für 18 Uhr angesetzt. Wir versuchten, bei mehreren Beamten aus Bonn an Papiere zur Vorbereitung des Gesprächs zu kommen, redeten mit Sicherheitsleuten, beobachteten die anfahrenden Kolonnen. Gewährsleute aus dem Schmidt-Stab waren trotz fester Zusagen zu den Treffs nicht erschienen. Reporter Jürgen Leinemann hatte genug Stoff für eine Story über den Ablauf der Beisetzungsfeierlichkeiten. Wenigstens das.

Gegen 22 Uhr sichteten wir die karge Ausbeute unseres Nachrichtenfangs. Für eine Titelgeschichte mit exklusiven News reichte das bei weitem nicht. Die Uhr lief, Helmut Schmidt würde morgen abreisen, mit ihm sein Stab; der Redaktionsschluss rückte heran. Keep calm and carry on.

Klaus Wirtgen und ich machten uns im Taxi auf zum »Beograd Inter-Continental«. Vielleicht ließe sich ja vor diesem gläsernen Neubaukasten auf freiem Feld jemand abpassen, der einem etwas berichten würde. Kanzler Schmidt war da einquartiert, wie die meisten anderen der 121 Staats- und Regierungschefs, die zu Titos Begräbnis aus allen Erdteilen angereist waren.

Für Journalisten war das Hotel gesperrt. Hunderte Soldaten und Polizisten sicherten die Unterkunft der Trauergäste. Die vertraten über 80 Prozent der Erdbevölkerung. Strenge Kontrollen überall, auf der Zufahrtstraße, an den Eingangstüren, vor den Aufzügen – das konnten wir aus einiger Entfernung im Dunklen von der Straße her beobachten. Wir stellten uns hinter einer Kurve auf, außer Sicht der ersten Straßensperre und warteten. Kolonne auf Kolonne der zurückkehrenden Delegationen zischte an uns vorbei, vorne rechts auf den Limousinen die Stander mit den Landesfarben. Dann ein Rückstau. Der Kontrollposten auf der Zufahrtstraße waltete offenbar streng seines Amtes. Wir liefen die Wagenreihe entlang, da, Schwarzrotgold auf den Standern, die westdeutsche Delegation. Wir klopften an die Scheiben. Könnt ihr uns mitnehmen? Die Mitarbeiter Schmidts kannten uns: Ja, kommt rein.

Wir wurden nicht gestoppt, weder auf der Straße noch am Eingang, noch vor den Aufzügen, wir liefen mit, mittendrin im Pulk der westdeutschen Offiziellen, waren gekleidet wie die Beamten mit Schlips und dunklen Anzügen. Uns fehlten die Anhänger am Revers, die uns als Mitglieder der Delegation ausgewiesen hätten. Die Kontrolleure merkten nichts, stutzten nicht. Vielleicht hielten die Sicherheitsleute uns ja für Kollegen. Wirtgen, groß, breites Kreuz, finsterer Blick, sah aus wie ein Bodyguard. Ich, ähnlich gebaut, kahler Schädel, versuchte auch, sinister wie ein Bulle zu gucken, was mir nicht schwer fiel.

Endlich im Aufzug. Die Deutschen drückten den Knopf 4. Im Gang im vierten Stock fanden wir leicht Schmidts Zimmer, 445. Davor saßen zwei Sicherheitsbeamte, die wir und die uns kannten. Sie ließen uns hinein. Drinnen hatte es sich Klaus Bölling im Sessel vor dem Fernseher bequem gemacht. »Ah«, sagte er, »quelle surprise.«

Der wenig später ins Zimmer polternde Schmidt war nicht weniger überrascht. »Was macht ihr denn hier? Wie kommt ihr denn hier rein?« Wir schilderten kurz unseren Autostop, dann den Durchmarsch durch alle Sicherheitsschleusen; Schmidt gefiel das.

Ob er uns über sein Treffen mit Honecker ein wenig, lieber möglichst viel, erzählen könne? Titelgeschichte, er verstehe doch. Schmidt verstand unsere Nöte. Er half: Man sei sich schnell einig gewesen, dass den beiden deutschen Staaten eine Schlüsselrolle bei der ins Stocken geratenen Entspannungspolitik zufalle, dass Washington und Moskau ihre Verhandlungen über Rüstungskontrolle wieder aufnehmen müssten, dass Honecker ihn gedrängt habe, baldmöglichst nach Moskau zu reisen. Und die Einzelheiten für die Eingangsszene unseres Titelartikels lieferte er auch. Den schrieben wir dann in mehreren Gruppen nach dem gemeinsamen Gliedern während der Nacht im Hotel.

»Helmut Schmidt begann den deutsch-deutschen Gipfel auf Strümpfen«, fing die Geschichte an. »Abgespannt von den vielen Gesprächen am Rande der Totenfeier zu Ehren von Marschall Tito, hatte es sich der Bundeskanzler in der Belgrader Residenz des bundesdeutschen Botschafters, in dem zum Garten gelegenen Wohnzimmer, bequem gemacht. Punkt 18 Uhr am vergangenen Donnerstag ging die Tür auf, herein kam Erich Honecker. »So, da sind Sie ja schon«, rief Schmidt, »ich habe noch die Schuhe aus.« Darauf der SED-Chef, keineswegs pikiert: »Das macht doch nichts, das ist bequem.«

10
Der ambulante Schlachthof

Mitte 1998, Anruf von Juliane Weber (CDU), der Leiterin des Büros des Bundeskanzlers Helmut Kohl (CDU), bei Staatssekretär Wilhelm Staudacher (CDU), dem Leiter des Bundespräsidialamtes unter Bundespräsident Roman Herzog (CDU).

»Staudacher, seid ihr denn jetzt total verrückt geworden?«

Der Chef habe mitbekommen, dass der Herzog dem Wirtgen und dem Koch vom SPIEGEL das Bundesverdienstkreuz verleihen wolle. Stimme das? Staudacher bejahte. Darauf Juliane Weber: Sie fasse es nicht.

Sie wusste, dass Staudacher klar war, was der SPIEGEL und speziell diese beiden dem armen Chef, ihrem Helmut Kohl, im Laufe der Jahre angetan hatten. Staudacher war doch einer von ihnen, ein CDU-Funktionär, dessen Karriere der Parteichef Kohl gefördert hatte, ihn sogar zum Leiter der Hauptabteilung Politik in der CDU-Parteizentrale und, noch höher, zum Bundesgeschäftsführer hatte aufsteigen lassen. Und jetzt lässt dieser Staudacher zu (was Juliane Weber nicht wusste: Staudacher hatte sich sogar engagiert für die Ordensverleihung eingesetzt), dass Kohls schärfsten Kritikern höchste staatliche Ehren zuteil werden. Das Bundesverdienstkreuz – das gibt es, wenn man sich in besonderer Weise um das Gemeinwohl verdient gemacht hat.

Zu seinem allergrößten Verdruss hatte Kohl auch noch erfahren, der Bundespräsident plane eine Geste besonderer Wertschätzung, Herzog wolle den beiden den Orden persönlich überreichen. Das also war der Dank des höchsten Manns im Staate, der das Amt doch nur ihm, dem Kanzler, zu verdanken hatte. Er hatte ihn doch auf den Präsidentenstuhl gehievt.

Ja, trifft alles zu, so berichtete Juliane Weber dem Kanzler. Das Bundesverdienstkreuz geht an diese beiden, und CDU-Mann Staudacher verhindert das nicht. Kohl sah sich wieder mal bestätigt: Er ist von Verrätern umgeben, auch in der eigenen Parteizentrale. Denen da im Konrad-Adenauer-Haus traut er schon lange nicht mehr.

Der SPIEGEL hatte, das traf zu, Augen und Ohren überall, in der Parteizentrale, im CDU-Bundesvorstand, im Parteipräsidium, in der Führung der Bundestagsfraktion, im Bundeskabinett. Überall dort, wo Kohl Vertraulichkeit oder gar Geheimhaltung angeordnet hatte.

Unser Informantennetz war engmaschig. Hinweise eines Zuträgers ließen sich so meistens ordentlich durch Angaben einer zweiten Quelle überprüfen. Wir wussten, an wen wir uns zu halten hatten, wer Kohl nicht ausstehen konnte, wen der selbstgefällige Pfälzer gedemütigt und beleidigt, wen er in der Karriere gehindert, wen er sich durch seine Machtversessenheit zum Feind gemacht hatte. Das waren wahrhaftig nicht wenige.

Die lange Reihe derer, die sich von Kohl abgewandt hatten, reichte hin bis zu seiner Ehefrau Hannelore. Beim Tanzen auf einer Festlichkeit, zu der Kohl in seiner Zeit als rheinland-pfälzischer Ministerpräsident eingeladen hatte, sagte Hannelore Kohl: »Wissen Sie, worauf ich stolz bin in meinem Leben? Dass ich meine Kinder alleine großgebracht habe, ohne den da«, und wies mit dem Kopf auf den beim Wein sitzenden Gastgeber hin.

Ein stiller Ort wurde gerne genutzt für die Übergabe von Kopien streng vertraulicher Dokumente aus Geheimschutzschränken. Die Papiere wurden durchgeschoben – zu vorher abgesprochener Uhrzeit, auf zweimaliges Klopfen des Empfängers hin – unter der Trennwand zwischen den Kabinen I und II der Herrentoilette im Tiefparterre beim Eingang I des Bonner Bundestages.

Jetzt noch zum Schein die Klospülung betätigt und die Tür ward geöffnet etwa für den Abdruck der Sonthofener Geheimrede des CSU-Chefs Franz Josef Strauß vor seinen CSU-Bundestagsabgeordneten. Den Kollegen Kohl schmähte er wegen dessen stümperhaften »Hintergardinendiplomatie« und »zu plumpen Anbiederung« beim politischen Gegner.

Ganz und gar gefiel Kohl auch nicht, was er im SPIEGEL aus einer weiteren Geheimrede des Franz Josef Strauß (Wienerwald-Zentrale, 1976) über sich und seine Ambitionen auf das Amt des Bundeskanzlers lesen musste: »Er ist total unfähig. Ihm fehlen die charakterlichen, die geistigen und die politischen Voraussetzungen. Ihm fehlt alles dafür.« Strauß verglich Kohl mit einem Rentner, der mit fünf Dackeln spazieren geht. »Der eine hebt's Bein, der andere läuft dem Wurstzipfel nach, der dritte verschwindet in der Kantine, der vierte legt sich im Straßengraben schlafen, und der fünfte jault durch die Gegend. Und wenn man ihn dann fragt: Ja, was ist denn da los?, sagt er: Ja, das ist mein Führungsstil.«

»Der Helmut Kohl wird nie Kanzler werden«, erfuhr der Mainzer Ministerpräsident, der sich nach dem erfolglosen Anlauf des Kanzlerkandidaten Strauß im Jahre 1986 nun selbst wieder um das Kanzleramt bewerben wollte, im SPIEGEL aus dem Munde des Bayern. »Der wird mit 90 Jahren die Memoiren schreiben: ›Ich war 40 Jahre Kanzlerkandidat; Lehren und Erfahrungen aus einer bitteren Epoche‹. Vielleicht ist das letzte Kapitel in Sibirien geschrieben worden oder wo.«

Vorhersagen, das weiß man, sind schwierig, vor allem in die Zukunft. Selbst der Ausnahmepolitiker Strauß machte da keine Ausnahme. Und der allwissende SPIEGEL auch nicht. »Kohl kaputt« titelte das Blatt 1978. Kohl wurde 1982 Kanzler und blieb es sechzehn Jahre lang.

Um sich gegen Leute wie uns besser zu wappnen, hatte sich Kohl einen Medienberater zur Hilfe geholt, den österreichischen Fernsehmann Gerd Bacher, einen gut gelaunten reaktionären Profi. Wir verstanden uns prächtig mit ihm. So erzählte er uns auch offenherzig, wie er seinen Auftraggeber vor uns gewarnt hatte: »Sie, Herr Doktor Kohl«, habe er zu ihm gesagt, »seienS' vorsichtig. Der Koch und der Wirtgen, das ist ein ambulanter Schlachthof.«

Nicht nur die beiden ambulanten Kopfschlächter, sondern mit ihnen ihre ganzen Bonner Spießgesellen haben so einige ins Messer laufen lassen – sind denen bei Anfälligkeit für Korruption auf die Schliche gekommen, haben ihre Unterlassungssünden bei vorausschauender, fürsorglicher Politik aufgedeckt.

Richard v. Weizsäcker war auf unserer Seite. »Machtversessen und machtvergessen«, urteilte der Bundespräsident über das Regiment Helmut Kohls. Diesem Kanzler ging der Machterhalt vor unbequeme Reformen, beispielsweise in der Sozialpolitik. Es war typisch Kohl, dass er früher oder später die CDU-Generalsekretäre Kurt Biedenkopf, Heiner Geißler oder selbst den lange Zeit getreuen Volker Rühe durch ausgeprägte Reformscheu gegen sich aufbrachte.

Es musste so kommen: Kohl sollte weg, erst als Parteichef und dann auch als Kanzler. Sein Sturz wurde insgeheim von den eigenen Leuten betrieben. Anführer und Organisator des Aufstands in der CDU-Spitze: Heiner Geißler. Zusammen

CDU-Generalsekretär Heiner Geißler mit den SPIEGEL-Redakteuren Klaus Wirtgen (l.) und Dirk Koch: den Putsch gegen Helmut Kohl organisiert

mit renommierten Mitverschwörern wie Lothar Späth, Ernst Albrecht und Rita Süssmuth schuf er ein tief in die Parteiorganisation hineinreichendes Geflecht von Unterstützern des Umsturzes. Der ambulante Schlachthof, bestens auf dem Laufenden, versorgte via SPIEGEL das Fußvolk der CDU/CSU stets mit frischer Ware über die vatermörderischen Umtriebe.

1989 auf dem Bremer Parteitag scheiterten die Putschisten. Lothar Späth getraute sich nicht, als Gegenkandidat für den Parteivorsitz anzutreten. Er war kein großer Kämpfer, zudem waren die von ihm bewunderten Wirtschaftsbosse gegen Kohls Sturz. Auch die Delegierten des mitgliederstärksten CDU-Landesverbands Nordrhein-Westfalen zauderten. Deren Landesvorsitzender Norbert Blüm, obwohl mit den Aufständischen sympathisierend, kniff. Anhaltend gerettet hat Kohl dann der Fall der Mauer und die Wiedervereinigung, für die er sich als »Kanzler der Einheit« feiern ließ. Wäre die Wiedervereinigung nicht gekommen, davon ist Geißler trotz der Niederlage von Bremen überzeugt, hätte der Pfälzer sich nicht mehr lange halten können.

Kohl, ein Mensch ohne nennenswerten Humor, machte sich gerne über andere lustig. Er verstand aber überhaupt keinen Spaß, wenn der auf seine Kosten ging.

Es stand nach Kohls Amtsantritt 1982 im November ein offizieller Besuch in Rom an. Wie üblich hatten die beiden ambulanten Metzger sich zur Mitreise angemeldet, wie üblich wollte Kohl sie nicht dabei haben und hatte persönlich sie von der Liste der begleitenden Journalisten gestrichen.

Das typische Kameralächeln aufgesetzt, die Augen leicht aufwärts gerichtet, betrat der hoch- und breitgewachsene

Kanzler in dunklem Staatsmannsblau, den kleinwüchsigen zartgliedrigen italienischen Staatspräsidenten Sandro Pertini in hellgrauem Anzug mit Weste zu seiner Linken, im strenggesicherten Quirinalspalast einen Saal, in dem ausgesuchte Presseleute aus Deutschland und Italien auf die Statements von Kanzler und Präsident warteten.

Eben noch in Nettigkeiten über die italienischen Freunde schwelgend, verging dem deutschen Kanzler plötzlich alle Fröhlichkeit. Kohl verschloss den Mund, auf der Stirn schwoll seine Zornesader. Der Kanzler hatte uns entdeckt. Wir zwei Germanen überragten die italienischen Kollegen um mehr als Haupteslänge. Klaus Wirtgen war il sono, der Autor la luce, Wirtgen hielt einen Tongalgen mit dickwattiertem Mikrofon hoch, Koch richtete einen Scheinwerfer an einer Stange von oben auf die Staatsmänner. Kohl sagte von da an kein Wort mehr. Präsident Pertini, in der Hand eine seiner geliebten Pfeifen verborgen, die er eben noch im Nebenraum beim Gespräch mit dem Deutschen gepafft hatte, parlierte über die Ehre des hohen Besuches aus Deutschland, über die tiefe Freundschaft zwischen den beiden Staaten. Er hielt inne und wartete darauf, dass der Gast wieder das Wort ergriff. Kohl blieb stumm. Der silberhaarige Pertini richtete durch seine dunkle Hornbrille den Blick seitwärts nach oben. Kohl sagt noch immer nichts, presste die Lippen fest aufeinander. Noch ein kurzer Händedruck für die Kameras, die beiden gingen ab.

Wir hatten uns auf eigene Faust aufgemacht nach Rom, weil wir für eine Geschichte über den neuen konservativen Kanzler miterleben wollten, wie der umging mit einem

Mann, der sich als Sozialist in den Kampf gegen den Faschismus geworfen hatte und deshalb zu langen Gefängnisstrafen verurteilt worden war. Pertini war Partisan während der deutschen Besatzung Italiens gewesen, die SS hatte ihn verhaftet und gefoltert, er war zum Tode verurteilt, 1944 gerade noch rechtzeitig von der italienischen Resistenza, dem Widerstand im Untergrund, befreit worden.

Kohls Kolonne rollte hinein in den Amtssitz des Präsidenten, die hohen Tore schlossen sich wieder, wir mussten draußen bleiben im Nieselregen. Schade, wir hätten gerne die beiden Politiker zusammen erlebt. Als wir uns zu Pasta und einem Glas Rotwein aufmachen wollten, fuhr ein deutscher Rom-Fernsehkorrespondent vor, den wir gut kannten. Ob er uns wohl hineinschmuggeln könne in den Quirinalspalast? Der Mann beriet sich kurz mit seinem italienischen Kamerateam, kein Problem: »Ihr seid jetzt Licht- und Tontechniker.« Die Wachen winkten uns durch.

In einer kleinen kühlen Schenke nahe der Spanischen Treppe, Marmortheke, Wein aus aneinander gereihten Holzfässern, haben wir den römischen Kollegen zum Dank einen ausgegeben. Wir haben gealbert, Kohls grimmigen Ausdruck nachgeahmt, die ratlosen Blicke des Pertini von unten her nachgestellt. Wir waren uns einig: Wäre der von uns ja auch nicht gerade geschonte Franz Josef Strauß an Kohls Stelle im Quirinalspalast gewesen, er hätte gelacht.

Klaus Wirtgen und seinen ausgezeichneten Kontakten in den CDU-Apparat ist es zu danken, dass Kohls illegale Spendenpraktiken aufgedeckt wurden. Der CDU-Mann hatte Millionenbeträge in D-Mark auf Schwarzgeldkonten zur Finanzierung seiner Wahlkämpfer und ihm genehmer Bundestagskandidaten versteckt, weigerte sich aber, gegen Recht und Gesetz, die Namen der Spender zu nennen. Im Januar 2000 hat die CDU mit ihm gebrochen, er musste den Titel des Ehrenvorsitzenden abgeben.

Das Bundesverdienstkreuz hat man uns trotz des Einspruchs aus dem Kanzleramt verlichen, wenn auch Roman Herzog um des Friedens mit Kohl willen darauf verzichtete, es persönlich zu überreichen. Wirtgen erhielt den Orden dann aus der Hand des nordrhein-westfälischen Ministerpräsidenten Wolfgang Clement, der Autor, inzwischen Korrespondent in Brüssel, vom deutschen Botschafter in Belgien.

Als SPIEGEL-Mann nimmt man keinen Orden an. Aber diese Ausnahme musste sein, wenn Kohl sich so leicht so schön ärgern ließ.

11

»Herztod nach Verhör«

Aus Anlass eines runden Geburtstags meines alten Freundes und SPIEGEL-Kollegen Diethelm Schröder habe ich ihm einen Offenen Brief für eine Jubilarsbroschüre geschrieben. Hier die ein wenig erweiterte Version:

Diethelm,
weißt Du noch?

Unser Jule sah gar nicht gut aus. Das Gesicht grau, blau, rötlich, weiß. Der Atem unregelmäßig, röchelnd, flach.

Auf Ansprache und Schütteln reagierte das Bündel Mensch nicht mehr. Zur Seite gekrümmt in seinem dunkelblauen Anzug, die rechte Hand mit dem dicken Brillantring von sich gestreckt, lag Julius Steiner, einst Bundestagsabgeordneter der CDU, *nahe bei Konrad Adenauers Wohnhaus auf dem Bett im ersten Stock unseres alten kleinen Fachwerk-Gästehauses in Rhöndorf, unseres sicheren Verstecks für vertrauliche Politiker-Treffs zu Zeiten des Baader-Meinhof-Terrors.*

In Restaurants, beispielsweise bei Ria im Bad Godesberger »Maternus«, verabredete man sich nicht mehr so gerne. Es könnte ja die Türe aufspringen und einer der Baader-Meinhof-Gang auf die verhassten Politiker des Schweinesystems feuern, wenn die sich gerade über Spargel mit Sauce hollandaise und Kalbsschnitzel hermachen wollen.

Diethelm, Du und ich, wir waren uns so gut wie sicher, dass uns Steiner unter unseren Händen wegsterben würde. Ausgerechnet Steiner, unser Top-Informant für jene Top-Story über die Hintergründe des Bonner Krimis im Jahre 1972.

Das konstruktive Misstrauensvotum gegen SPD-*Bundeskanzler Willy Brandt hatte* CDU-*Herausforderer Rainer Barzel knapp verloren, weil er in der geheimen Abstimmung im Bundestag von mindestens zwei seiner* CDU/CSU-*Abgeordneten nicht gewählt worden war. Einer der beiden war Steiner. Das hatte er uns Wochen zuvor gestanden, das hatten wir vor Wochen, am 4. Juni 1973, veröffentlicht. Wir hatten ihm weitere Geheimnisse entlocken wollen. Deshalb hatten wir ihn nach Rhöndorf zum Wandern hoch zum Drachenfels und zur Wolkenburg eingeladen.*

Und nun lag er da oben im ersten Stock allem Anschein nach in seinen letzten Zügen. Den Notarzt rufen wegen des dringenden Verdachts einer Herzattacke des schweren Trinkers? Den Gedanken streiften wir nur, wir waren ja nach unserem aufopfernden Rechercheneinsatz mit härtester Belastung unserer Lebern so gut wie nicht mehr geschäftsfähig. Es lag bei uns eindeutig der Zustand des »N.v.A.a.d.V.« vor, so das SPIEGEL-*Kürzel für »Nach vorangegangenem Alkoholgenuss aus dienstlicher Veranlassung«, das auf Spesenquittungen für Taxifahrten anzu-*

bringen war. Schon von Mittag an hatten wir mit Jule, um dessen Zunge gelöst zu halten, Cognac und Rotwein getrunken – in den zwei Stunden vor Aufbruch zu unserer beschwingten Wanderung durch das Siebengebirge, während der Wanderung auch, aus mitgeführten Taschenflaschen, und nach Heimkehr ins »Häuschens« erst recht.

Wohin mit der Leiche? Das war die Frage. Die beschäftigte uns sehr, während Jule oben keinen Muckser mehr machte und wir unten in die Flammen des offenen Kamins stierten. Dass wir nicht die Polizei anrufen und das Ableben des CDU-*Verräters melden konnten, das war uns beiden ganz und gar klar. Die Feindpresse, »Bild« und »Quick«, hätte aufgeheult vor Schadenfreude. Von der Schlagzeile »Herztod nach Verhör durch* SPIEGEL-*Redakteure« wäre es nicht weit gewesen zu Foltervorwürfen.*

Du, Diethelm, kamst auf den Gedanken, den Verblichenen im Schutze der Nacht bei Paul »Cap« Limbach abzulegen, in der Nähe des Büros des Bonner »Quick«-Korrespondenten, und so die öffentliche Aufmerksamkeit auf unseren Konkurrenten zu lenken. Der Einfall war nicht schlecht, barg aber in jenen Terrorzeiten das hohe Risiko, von einer der zahlreichen Polizeistreifen erwischt zu werden. Die Idee gefiel mir trotzdem, weil wir noch eine Rechnung mit »Cap« offen hatten. »Cap« hatte uns nach unserer ersten Unterredung mit Steiner in den Gesellschaftsräumen im dritten Stock der Bonner SPIEGEL-*Redaktion den Abgeordneten abspenstig machen und an einen unbekannten Ort verbringen können. Unsere Chefredaktion hatte es nämlich abgelehnt, dass wir, wie von Steiner gewünscht, mit ihm in der Hamburger* SPIEGEL-*Zentrale anreisen. Man glaubte uns nicht, dass wir tatsächlich als erste einen der Retter Willy Brandts aus den Reihen der* CDU *geständnisbereit anliefern konnten. »Du bist ja total besoffen«, hieß es am Telefon, wir sollten den Quatsch lassen. Wie anders als angetrunken hätten wir aus der langen Einvernahme Steiners herauskommen sollen, dessen Redefluss es durch immer neue Runden in Gang zu halten galt?*

Den Tipp, ein CDU-*Abgeordneter aus Baden-Württemberg wolle in Sachen Misstrauensvotum auspacken, hatte uns übrigens ein* CSU-*Mann gegeben. Der fühlte sich verpflichtet, dem* SPIEGEL *immer mal wieder einen Gefallen zu tun. Er wusste, dass wir wussten, aber nicht unbedingt schreiben mussten, dass er in Verbindung zum* KGB *stand und gerne mit seinen Russen becherte. Auch bei diesem Informanten passte der Wahlspruch Willy Brandts »First things first«. Wir mussten also Steiner laufen lassen, mitten hinein in die Arme von »Cap«, der vor unserem Büro in der Bonner Dahlmannstraße lauerte. Er war, wie sich später herausstellte, von einer unserer Sekretärinnen, mit Limbach insgeheim liiert, alarmiert und auf dem Laufenden gehalten worden. Der »Quick«-Mann holte dann weitere Geständnisse aus Julius Steiner heraus: Dass er 50 000 D-Mark für seine Enthaltung zu Lasten Barzels vom* SPD-*Fraktionsgeschäftsführer Karl Wienand erhalten hätte.*

Aber in Jule steckte ja noch mehr, davon waren wir fest überzeugt. Deswegen waren wir an Steiner drangeblieben, hatten ihn zum gemeinsamen Wandertag überredet. Weil man im Wald ja abhörsicher offen reden könne.

Jetzt aber auch weiterhin von oben kein Laut mehr. Am Feuer wartete ich mit dem Vorschlag auf, den toten Gast in den roten Teppich vor dem Kamin zu wickeln und die Fracht – es war inzwischen dunkel geworden – von einer der Rheinbrücken in die Fluten zu kippen.

Du, Diethelm, hattest Bedenken; Autofahrer könnten uns beobachten. Und wo auf den vierspurigen Bonner Brücken solle man parken? Die Zeit schleppte sich dahin, wir tranken weiter Rotwein und rauchten, Du Deine Orient-Zigaretten, ich meine Pfeife. Und grübelten. Bis wir uns dann zu einer Lösung durchmühten: Steiner würde nach Wachtberg bei Bonn wegzuschaffen sein, wo er seine Parlamentarierwohnung hatte. Dort würden wir ihn nahe beim Haus seines Wachtberger Mitbürgers Hans-Dietrich Genscher in einem Gebüsch deponieren. Dabei hatte sich der Treff mit Steiner so vielversprechend angelassen. Beim Wandern im Sonnenschein plauderte der rundliche Mann los, munter wie der Rhöndorfer Fonsbach im Löwenburger Tal neben uns. Klar, was davon wahr, was geflunkert war, mussten wir später sorgsam herausfiltern.

Für den französischen Geheimdienst, die Sûreté, so erzählte Steiner, habe er in den 50er Jahren die eigene Partei, die CDU, *ausgelauscht und ausgespäht. Das baden-württembergische Landesamt für Verfassungsschutz sei danach an ihn herangetreten, um ihn über seine damaligen Russenfreunde auszuhorchen. Für den Bundesnachrichtendienst sei er später tätig geworden. Und für die Stasi auch. (Da hat man in sich hineinkichern müssen. Warum, lieber Diethelm, erzähle ich gleich.)*

Doppelagent Steiner breitete in Einzelheiten aus, wie er für die Stasi geschafft habe, unter der Kontrolle des BND. *Als Agentenlohn habe er monatlich knapp 4000 Westmark aus Ostberlin bezogen, 3000* DM *habe er behalten dürfen, den Rest beim*

BND *abliefern müssen. Die Angaben erwiesen sich als ziemlich korrekt. Nicht genau klären ließ sich, wie viel Geld Steiner und von wem für die Rettung Brandts und damit die Rettung der auf Entspannung und Ausgleich mit der Sowjetunion abzielenden Ostverträge erhalten hat. Der Abgeordnete blieb dabei: 50 000* DM *für den Stimmenkauf durch Wienand. Aber, der hatte doch mindestens 250 000* DM *in Aussicht gestellt beim vertraulichen Treffen mit Steiner in der Wohnung des baden-württembergischen* SPD-*Bundestagsabgeordneten Hans-Joachim Baeuchle.*

Und wie viel war Steiner der Kran-Firma Liebherr wert gewesen, die sich nach Abschluss der Ost-Verträge Hoffnungen auf große Geschäfte in Russland machte und den CDU-*Abgeordneten aus der Heimatregion gefördert hatte? Und 50 000* DM *von der Stasi soll Agent Steiner mit dem Decknamen »Theodor« für sein Stimmverhalten auch noch kassiert haben, teilte 1997 der ehemalige* DDR-*Geheimdienstchef Markus Wolf mit.*

Was er mit seinem Geld so getrieben hat, erzählte uns Steiner auch im Wald. Gerne habe er, zuweilen in Gesellschaft von Bundestagskollegen, in den Nachtklubs bei der Bonner Kennedy-Brücke gefeiert, Champagner satt, viel Spaß habe man gehabt. Besonders großer Spaß: Den Stripperinnen auf den Tischen mit brennenden 20-Mark-Scheinen die Haare an gewissen Stellen anzusengen. Er habe aber stets nur 10-Mark-Scheine dafür genommen, er sei doch Schwabe und sparsam.

Oben – Totenstille. Kurz vor Mitternacht wollten wir uns endlich Gewissheit verschaffen. Leise stiegen wir dicht hintereinander die enge Stiege hinauf. Im schwachen Licht der Flurlampe sahen wir, wie Jule die Augen aufschlug, sich auf einen Ellenbogen aufstützte. Er gähnte herzhaft. Dann fragte er, ob er jetzt

SPD-Verteidigungsminister Hans Apel mit den SPIEGEL-Redakteuren Dirk Koch (l.) und Diethelm Schröder, der nach der Wende als DDR-Agent, Deckname »Schrammel«, verurteilt wurde

einen ordentlichen Cognac bekommen könne. Er ist wenig später nicht im Teppich, sondern im Taxi zu seiner Wohnung nach Wachtberg entschwunden.

Warum man im Wald leise kichern musste? Nun, Diethelm, es war einem in den Sinn gekommen, dass man da womöglich in Gesellschaft von gleich zwei Stasi-Agenten unter Buchen und Eichen wandelte. Der Chef der bundesdeutschen Spionageabwehr, Verfassungsschutzpräsident Günther Nollau, hatte wiederholt die Chefredaktion des SPIEGEL *und den Bonner Bürochef gewarnt: Redakteur Schröder, unser Militärexperte, sei* DDR-*Agent. Rudolf Augstein, Erich Böhme und ich baten um hieb- und stichfeste Beweise für die Anschuldigungen. Konnte – oder wollte – Nollau nicht liefern. Sein Nachfolger Richard Meier auch nicht, als er uns später mit denselben Verdächtigun-*

gen kam. Also entschied Augstein, dass »Dietlinde«, wie er Dich nannte, weiterhin als unschuldig zu gelten habe und ungehindert seinen Job machen solle.

Du hast Pech gehabt. Sie haben Dich nach der Wende als Stasi-Agenten verurteilt, als einen der wenigen im Westen. 21 Monate auf Bewährung hat Dir der 4. Strafsenat des Oberlandesgerichtes Düsseldorf 1992 aufgebrummt, dazu 30 000 D-Mark Geldstrafe und die hohen Verfahrenskosten, obwohl, wie im Urteil festgehalten, Du der Bundesrepublik Deutschland keinen »messbaren Schaden« zugefügt hast. Das MfS, das Ministerium für Staatssicherheit der DDR, *sei von Dir, dem es den Decknamen »Schrammel« verpasst hatte, enttäuscht gewesen wegen ausbleibender Lieferung von Geheimnissen des Klassenfeindes und habe Dich deshalb 1987 »abgeschaltet«. Die Staatsanwaltschaft wollte es dann ja auch bei einer Geldbuße belassen und das Verfahren einstellen, wenn Du nur ein Geständnis ablegen würdest. Lehntest Du ab. Zu Recht, Du hattest ja nichts Schlechtes getan.*

Dein Verfahren rührt an ein Geheimnis dieses Landes nach der Übernahme der DDR *durch die* BRD. *Warum wurden nicht Hunderte, ja Tausende Westdeutscher wegen Spionage für das MfS vor Gericht gestellt? Ein Staatssekretär der Bundesregierung, einer, der sich stets als zuverlässiger Informant erwiesen hatte, war mit einem brisanten Tipp an uns herangetreten: Bald werde es richtig knallen im wiedervereinigten Deutschland. Man könne, so der Staatssekretär, anhand sichergestellter Unterlagen weit über 6 000 Agenten der Stasi im Westen enttarnen, auf allen Ebenen der bundesdeutschen Gesellschaft bis hoch oben in der Politik, im Kanzleramt, im Auswärtigen Amt, im*

Verteidigungsministerium, Minister in Bund und Ländern, hohe Beamte, Spitzenleute in den Parteizentralen, in Forschung, Wirtschaft und Finanzen. Mehr als 40 Bundestagsabgeordnete hätten zu Zeiten des konstruktiven Misstrauensvotums in Kontakt zur Stasi gestanden.

Doch es krachte nicht im Lande. Es passierte nix. Abgesehen von Kleckerskram, wie das Verfahren gegen Dich. Der Rechtsstaat aus dem Westen nutzte die Gelegenheit, mit Deinem Prozess eine Schau abzuziehen. Das war's dann. Der Informant, zur Rede gestellt, druckste herum. Man wolle ja anklagen, aber die Amerikaner würden nicht mitziehen. Die hätten sich der Stasi-Listen mit den Decknamen und den dazugehörigen Klarnamen bemächtigt und würden die Listen nicht herausrücken. Was dann nach Jahren von der CIA *an die Deutschen geliefert wurde, taugte nicht viel, Personenkarteikarten brachten keinen gerichtsfesten Erkenntnisgewinn, Sachakten waren vernichtet, alles wie gewünscht auf der Siegerseite der Wende. Hans-Dietrich Genscher, wie Du, Diethelm, mit engen familiären Bindungen nach »drüben«, geriet als Stasi-Agent, Deckname »Tulpe«, in Verdacht und konnte argumentieren, die* DDR-*Geheimdienstler hätten ihn zum Schein als informellen Mitarbeiter* (IM) *in den Akten geführt, um ihn bei Bedarf bloßstellen zu können.*

SPIEGEL-*Mann Richard Kiessler, unser »Ritschi«, und ich haben uns einen Spaß erlaubt und Genscher gebeten, für uns unter seinem Decknamen zu posieren. Wir haben einen kleinen Strauß gelber Tulpen mit ins Amtszimmer des Außenministers genommen.* IM *»Tulpe« ließ sich lachend mit den Tulpen in der Hand abbilden. Seine Bedenkenträger im Ministerbüro waren*

FDP-Außenminister Hans-Dietrich Genscher posiert spaßeshalber unter seinem Decknamen, er taucht in Stasi-Akten als informeller Mitarbeiter »Tulpe« auf (mit den SPIEGEL-Redakteuren Richard Kiessler (l.) und Dirk Koch)

darüber gar nicht froh. Sie ersuchten uns händeringend, von einer Veröffentlichung Abstand zu nehmen. Wir taten ihnen den Gefallen.

Lieber Diethelm, »Cap« Limbach hat Dir 2005 zu Deinem 75. Geburtstag aufgeschrieben, Schröder »blieb immer ein guter Kamerad«. Und: »Ein letztes Geheimnis seines bewegten Lebens wird er wohl in seinem Herzen bewahren.« Wer tut das nicht. Besser gefiel mir, was aus selbigem Anlass unser Freund und SPIEGEL-*Kollege Paul Lersch angemerkt hat.*

»Das haben doch selbst diese Richter des Oberlandesgerichts Düsseldorf erkannt. Als staatlich bestätigter Kundschafter des Friedens konntest Du stolz den Saal verlassen. Ich weiß das noch – ich war nämlich dabei – obwohl diese dämlichen Juris-

ten die Sache furchtbar missverstanden haben. Als ob Du einer von denen gewesen wärst, die unsere freiheitlich demokratische Grundordnungen unterwühlen wollten. Die hatten offenbar keine Ahnung. Du hattest eben früh schon im Sinn, wofür Willy Brandt schließlich den Friedensnobelpreis gekriegt hat.«

In diesem Sinne
schönen Gruß
Dirk

12
Zuzeln am Affenarm

Le Haut de Cagnes bei Nizza, ein mittelalterliches Bergnest über der »Baie des Anges«, der Bucht der Engel, ist unter Kennern für zwei Besonderheiten berühmt.

Zum einen wird auf den steilen Dorfstraßen Boule bergauf gespielt, sogar eine Weltmeisterschaft in dieser Disziplin ist dort schon ausgetragen worden. Die Spieler werfen statt der üblichen Boulekugeln austariert gegossene Würfel aus Metall, die nicht bergab rollen; auch die »Sau«, die übliche Zielkugel, ist ein kleiner Würfel. Zum anderen gibt es in Le Haut de Cagnes und Umgebung seit je her eine ungewöhnliche Dichte von Schattentypen, Geheimdienstlern verschiedener Herkunft. In malerischen Straßenhäusern, stattlichen Villen oder abgeschiedenen Gehöften leben zurückgezogen Agenten – Deutsche, Engländer, Franzosen, Italiener, Israelis, beiderlei Geschlechts, im Ruhestand oder noch aktiv. Gehandelt werden gegen gutes Geld Informationen aller Art, Politisches, Militärisches, Wirtschaftliches, Persönliches; Dokumente sind echt oder ganz oder teilweise gefälscht. Es ergab sich, dass ich wiederholt in der Gegend zu tun hatte. Nicht um Boule bergauf zu spielen. Sondern um es mit Franz Josef Strauß bergab gehen zu lassen.

Vorabend zur Treibjagd 1975. Spendabel wie immer hatte der Jagdherr, der Unternehmer und großzügige finanzielle Förderer der Unionsparteien, Fritz Ries aus dem pfälzischen Frankenthal, für seine Gäste, die führenden Herrschaften der CDU und der CSU, nur das Beste aus Küche und Keller auffahren lassen; man tafelte und zechte, die Stimmung bestens. Der SPIEGEL war selbstverständlich nicht eingeladen, hatte aber selbstverständlich seine geheimen Gewährsleute in der Gästeschar.

Franz Josef Strauß, der tüchtig gebechert hatte, fing das Streiten an, berichtete uns ein Zuträger anderntags. Der CSU-Chef geriet mit dem CDU-Vorstandsmitglied Richard von Weizsäcker, den er noch nie verknusen konnte, auf das Heftigste aneinander.

Strauß nahm sich gleich die ganze Familie vor. Bis zum Schluss habe es der Vater von Weizsäcker, bei Kriegsende in sicherer Deckung als Botschafter im Vatikan, mit den Nazis gehalten. Und der Bruder Carl Friedrich von Weizsäcker sei ja ein besonders übler Heuchler. Erst habe er mit Otto Hahn und Co. am Projekt der Atombombe für Adolf Hitler mitgearbeitet, dann aber, nach dem verlorenen Hitler-Krieg, den Atomwaffengegner gegeben. Trotz der ungeheuren Bedrohung des demokratischen Teils Deutschlands aus dem Osten habe sich der Bruder gegen seine, Straußens, Pläne für eine atomare Bewaffnung der Bundeswehr gestellt.

Jetzt wurde der Bericht des Gewährsmanns noch spannender. Der CSU-Chef habe sich in Rage geredet: Er kämpfe an gegen die rote Gefahr und die Weltrevolution. Er leiste seinen Beitrag gegen das immer weitere Vordringen des Sowjetkommunismus. Er kenne sich aus in Afrika. Er sei auf das höchste alarmiert durch die Entwicklung auf dem Schwarzen Kontinent, wo die Sowjets in ihrer Gier nach kostbaren Rohstoffen, beim Schaffen globalstrategisch wichtigster Militärbasen Land nach Land unter ihre Kontrolle bringen würden. Insbesondere Zaire mit seiner Minen-Region Katanga – Kupfer, Kobalt, Uran, Zinn, Mangan, Gold, Diamanten, habe Strauß aufgezählt – dürfe unter keinen Umständen für den Westen verloren gehen.

Strauß habe sich von seinem Stuhl hochgestemmt, dabei ein halbvolles Glas Weißwein umgestoßen, berichtete die Quelle weiter, und auf die Tischplatte pochend laut und klar gesagt: Er sei deshalb in Verhandlungen mit Präsident Mobutu über die Lieferung von Panzerabwehrraketen des Typs »Milan« und »Hot« an die Armee von Zaire eingetreten. Der Kongo unter Präsident Mobutu stehe fest im Lager des Westens. Präsident Mobutu wolle für insgesamt eine halbe Milliarde D-Mark diese hochmodernen Lenkwaffen aus Deutschland erwerben. Für die Sicherung von Arbeitsplätzen in Bayern sei dies von eminenter Bedeutung.

Ja, sauber. Der Vorsitzende der Christlich-Sozialen Union ein Waffenhändler und Rüstungslobbyist? Geschäftspartner des Mobutu Sese Seko, eines der schlimmsten Diktatoren Afrikas, der sich nach der CIA-gesteuerten Ermordung des ersten freigewählten kongolesischen Regierungschefs Patrice Lumumba mit Hilfe des Westens an die Macht geputscht hatte und dafür berüchtigt war, Milliarden über Milliarden

Dollar aus dem Verkauf der Rohstoffe seines Landes auf die eigenen Konten zu leiten? Wie viel an Provisionen könnte wohl aus dem Waffendeal für Strauß und die CSU rausspringen? Was tun? Am besten bei Mobutu nachfragen. Nur, Kinshasa ist weit weg, und den Präsidenten würde man wohl kaum ans Telefon bekommen. Also setzte sich der Autor, ein Fan des US-Schriftstellers Mark Twain, wie Tom Sawyer in Twains »The Adventures of Huckleberry Finn« still hin und dachte tief nach. Und – »shucks« (Sawyer) – schon hatte er's. Muhammad Ali! The Rumble in the Jungle!

Da war doch im vorigen Jahr »The Rumble in the Jungle« in Kinshasa, der legendäre Boxkampf Muhammad Ali gegen George Foreman, den Ali in der achten Runde durch K.o. gewann. Einer der Drahtzieher des Mega-Events am Kongo war in den Zeitungsberichten irgend so ein deutschstämmiger Finanzexperte aus Monaco.

Also fragte ich an der Côte d'Azure bei einem der CSU zugetanen alten BND-Mann an, ob er den Drahtzieher vom »Rumble in the Jungle« kenne?

Ja, und ob.

Ja, und?

Frederick Weymar, Berater von Mobutu und eng mit Strauß.

Ob er einen Kontakt herstellen könne?

Müsse er erst nachhören. Um was es denn gehe?

Um ein großes SPIEGEL-Interview mit Mobutu. Je nach Güte der Mobutu-Angaben vielleicht sogar eine SPIEGEL-Titelgeschichte. (War ja nicht mal geflunkert.)

Zwei Wochen später war Weymar am Telefon. Der Präsident sei interessiert, aber er wolle in jedem Fall aufs Titelbild. Man sagte zu, dass man sein Möglichstes versuchen würde. Es gab noch mancherlei Verzögerungen, einiges Hin und Her, eine Einladung zu Flug und Reise wurde dankend abgelehnt, der SPIEGEL lasse sich aus Prinzip nicht einladen. Dann landeten im Frühsommer Jutta Fischbeck, die Afrika-Expertin des SPIEGEL, und der Autor in Kinshasa. Und dann fingen die Schwierigkeiten erst richtig an.

Von Tag zu Tag wurden wir vertröstet, ja, ja, das Interview mit dem »Citoyen le Président« würde schon stattfinden, Geduld, Geduld, das Gespräch mit dem Präsidenten sei aufgeschoben. Die Warterei in der schwülen Hitze nervte, die durchweg gute Musik der Brass Bands in den Nachtclubs Kinshasas lenkte ein wenig ab.

Weymar, ein blonder, leicht rotgesichtiger Mann mit hervorstehenden Augen, versprach, er würde sich kümmern, und zog uns mittags schon in die Hotelbar, wo er mit Angostura eingefärbten Pink Gin Tonic, seinen Drinkfavoriten, Glas um Glas konsumierte. Den schwarzen Ober pflegte er durch Fingerschnipsen oder leichtes Händeklatschen zum Bedienen heranzuholen. Als der Boy nicht fix genug war, setzte es Ohrfeigen. Wir protestierten heftig und standen von unseren Stühlen auf. Weymar winkte ab, wir würden Afrika nicht kennen, wir sollten uns nicht aufregen, das sei hier so üblich, und uns wieder hinsetzen. Wir sind gegangen, der Beschleunigung des Termins beim Präsidenten hat der Zwischenfall nicht gedient.

Stattdessen gab es eine Einladung zum Abendessen beim Außenminister Zaires, Mandungu Bula Nyati, der sächselnd Deutsch sprach. Er hatte in der DDR studiert. Es gebe Affen mit Maniok, kündigte er an. Auf einem großen silbernen Tablett trug eine Bedienstete etwas braun Geröstetes an den Tisch. Was da in der Mitte der Tafel abgestellt wurde, sah aus wie ein samt Schädel gebratenes Baby, mit über dem Brustkorb gekreuzten Ärmchen und Händchen, die Beinchen und Füßchen ausgestreckt. Wir zwei vom SPIEGEL haben uns lieber an die Beilage halten, ich habe ein, zwei Bissen des vorgelegten Bratenfleischs probiert. Meine Kollegin Jutta lehnte ab. Das Fleisch, obwohl stark gewürzt, schmeckte leicht süßlich. Ich habe dann auch nicht mehr essen gemocht, obwohl es doch angeblich zu den ganz besonderen Delikatessen des Landes gehörte. Der Gastgeber, der unser Schaudern bemerkt hatte, sagte grinsend, während er an einem Unterarm zuzelte: »Schmeckt wie Mensch.«

Nach neun Tagen endlich war es so weit: 10.30 Uhr, ehemaliger Gouverneurspalast über Kinshasa, der Präsident erwarte uns. Am Steuer des Mercedes – der Affenbräter. Wir fuhren die Serpentinen hoch zum Palast. Straßensperre, Nagelketten auf dem löcherigen Asphalt. Elitesoldaten in Tarnkleidung, Baretts, Maschinenpistolen in der Armbeuge. Unser Fahrer ließ das Fenster hinunter. Er sei der Außenminister. Es half ihm nichts. Er musste aussteigen, sich breitbeinig hinstellen, die Hände ans Wagendach ausstrecken, sich auf Waffen abtasten lassen. Wir Deutsche blieben unbehelligt. Weiter, bergauf. Zweite Straßensperre. Wieder Leibesvisite des Ministers, wir wieder scharf angeguckt auf der Rückbank, sonst nichts.

Mobutu, Leopardenkappe, körpernah geschnittener hellgrauer Zweiteiler im Mao-Stil, saß auf einem Sessel im Innenhof, bot uns die Sessel gegenüber an. Während der Begrüßung ruckten seine Blicke hoch zum wolkenverhangenen Himmel. Rotorengeräusche eines Hubschraubers. Der Präsident redete nicht mehr, beobachtete nur noch angespannt den Luftraum über sich. Nahebei, auf dem andern Kongoufer, lag Brazzaville, von kongolesischen Sowjetfreunden regiert. Die würden Mobutu nach dem Leben trachten, erläuterte uns später im Wagen unser chauffierender Außenminister.

Diktator Mobutu Sese Seko bestätigt: Für eine halbe Milliarde D-Mark Waffen von Franz Josef Strauß (mit SPIEGEL-Redakteuren Dirk Koch und Jutta Fischbeck in Kinshasa)

Das Geräusch in der Luft erstarb, der Präsident stützte sein Haupt in die Hand, blickte uns durch seine dunkel gerahmte große Brille an. Sagte, er könne uns kein Interview geben. Er fühle sich nicht danach. »Wissen Sie, ich habe kaum ein Auge zugemacht. Ein Neffe ist gestorben. Die Klageweiber haben die ganze Nacht über solch einen Lärm gemacht.«

Zwei Tage später, neuer Termin, das Interview war nach zwei Stunden im Kasten, es geht um Mobutu und seine Freundschaft zu Idi Amin, um seine Führungsrolle auf dem Schwarzen Kontinent. (Veröffentlicht in Heft 30/1975 des SPIEGEL) Dann endlich das informelle Nachgespräch. Ich fragte den Präsidenten nach den Panzerabwehrraketen »Milan« und »Hot«, die ihm Franz Josef Strauß für eine halbe Milliarde D-Mark verkaufen wolle. Mobutu bestätigte den Deal.

Jawohl, er stehe deswegen in engem Verhandlungskontakt mit Strauß. Es gebe nur noch ein Problem. Ihm fehlten die Mittel, so Mobutu, zum Kauf der deutschen Waffen. Die Bundesrepublik Deutschland solle ihm nicht nur die Waffen liefern. Sondern auch das Geld, um die Waffen zu bezahlen. Auf Kredit, oder so. Die Bundesregierung unter SPD-Kanzler Helmut Schmidt sperrte sich. So verschwand eine Spitzengeschichte im afrikanischen Dschungel.

13
Von ’ner Brücke stoßen?

München, Mittwoch, 16. Januar 1980: Ich machte mich über Nürnberger Würstel und Sauerkraut bei einer gescheiten Halben her, mein Gegenüber, ein CSU-Spezi, hatte der Linie wegen auf Würstel verzichtete und hielt sich an einer Radlermaß fest. Wir redeten über die Chancen des CSU-Kanzlerkandidaten Strauß bei der Bundestagswahl im Herbst, über die erkennbar halbherzige Unterstützung des CDU-Vorsitzenden Kohl für den ungeliebten Parteifreund aus Bayern. Plötzlich stand eine SPIEGEL-Mitarbeiterin in der Tür des »Bratwurstglöckel«, ich hatte in der Redaktion hinterlassen, wo ich zu finden sei. Die Chefredaktion würden mich sprechen wollen. Es sei äußerst dringend. Am nächsten Abend trat ich in der Ankunftshalle des Flughafen Nizza auf einen Unbekannten zu, der die aktuelle SPIEGEL-Ausgabe, wie es verabredet war, in der linken Hand hielt.

Ob er Frank Heigl sei?

Ja.

Ich bedankte mich, dass er gewartet habe, bat ihn in eine Ecke. Zog einen Briefumschlag mit großen Scheinen aus der

Innentasche meines Jacketts, zählte die Hälfte ab, gab ihm das Geld.

Aber es sollte doch das Doppelte sein.

Richtig. Den Rest werde er erhalten, wenn ich sicher sei, dass er mich nicht gelinkt habe.

Erst Erich Böhme, dann Rudolf Augstein waren am Telefon gewesen. Der STERN sei im Begriff, uns wichtigste Papiere wegzuschnappen. Zwei STERN-Leute seien bereits bei einem Nachrichtenhändler an der Côte d'Azur, würden mit dem um heiße Strauß-Papiere feilschen. Ob ich mich kümmern könnte?

Ich bekam den Nachrichtenhändler ans Telefon. Er solle auf keinen Fall mit dem STERN abschließen. Er solle auf mich warten, mich die Ware prüfen lassen. Allein dafür würde er entlohnt. Leichter könne er nicht ein ordentliches Stück Geld verdienen. Mit dem nächsten Flieger käme ich nach Nizza. (Um an ausreichend Bares zu gelangen, hatte ich den Geschäftsführer der Bank-Zweigstelle im Hause unserer Münchener Redaktion außerhalb der Geschäftszeit herausklingeln müssen.)

Zwei STERN-Reporter seien am 15. Januar 1980, berichtete später der Nachrichtenhändler in einem Buchbeitrag (Frank P. Heigl, Jürgen Saupe: *Operation Eva*, 1982 Konkret Literatur Verlag), in Nizza eingeflogen; sie hätten den Auftrag gehabt, die Strauß-Story aufzukaufen. »Was wollt ihr löhnen?«, hätte Heigl gefragt.

»Für die Ballonflieger, die über die Zonengrenze abhauten, haben wir 120 Mille hingeblättert«, zitierte Heigl einen der STERN-Reporter, »aber das war eine Superstory. Für

Strauß ist da nicht viel drin!« Die STERN-Reporter pokerten, stand in dem Buch.

Heigl, der nach elf Jahren Dienst als Oberkommissar beim Bundeskriminalamt aus- und ins Nachrichtengeschäft eingestiegen war, hatte mich vom Flughafen mit in sein Haus an der steilen Dorfstraße in Haut de Cagnes genommen. Es war spät abends, die STERN-Kollegen waren nicht mehr da, man war sich offenbar nicht handelseinig geworden. Er hätte die weggeschickt, sagte Heigl beim Eintreten. Im Wohnzimmer saß ein jüngerer Mann, Anfang dreißig, schwarze Haartolle, mit einer auffallend kräftigen, leicht gebogenen Nase. Er stellte sich als Dieter Huber vor. Der also war der außenpolitische Referent des CSU-Vorsitzenden gewesen.

Huber wies auf zwei gut fünfundzwanzig Zentimeter hohe Stapel Akten auf dem niedrigen Tisch am offenen Kamin. Die Papiere hatte er bei seinem Auszug aus seinem Büro in der CSU-Parteizentrale an Münchens Lazarettstraße mitgenommen und sie, zu welchen Bedingungen interessierte mich nicht, dem Nachrichtenhändler Heigl überlassen. Ich händigte Heigl den Umschlag mit dem Restgeld für das Warten aus und machte mich ans Sichten und Lesen der Akten. Huber, fünfsprachiger Politologe, den Strauß von der Deutschen Botschaft in Peking abgeworben hatte, hielt sich für Fragen bereit. Gegen zwei Uhr morgens war ich durch. Rief Augstein in Hamburg an.

Alles erste Sahne, müssen wir haben, eindeutig keine Fälschungen. Belege, wie Strauß mit Hunderttausenden D-Mark, zum Teil in bar, zum Teil in Schecks, mit und ohne Quittung, ultrarechte, neofaschistische Politiker, auch solche mit Blut an den Händen, in Spanien, Portugal, Italien unterstützt; wie er engste Verbindungen zu internationalen schwarzen Geheimbünden, zu den rechtsradikalen türkischen »Grauen Wölfen« pflegt, denen Hunderte politsicher Morde vorgeworfen werden; wie er hinter dem Rücken der Bundesregierung auf eigene Faust Außenpolitik treibt, PLO-Chef Jassir Arafat umwirbt, insgeheim ein Palästinenserlager besucht, in dem Baader-Meinhof-Terroristen ausgebildet wurden. Die CIA hält die aus deutschen Steuern finanzierte CSU-nahe Hanns-Seidel-Stiftung mit ihren Büros in Afrika, Nahost, USA, Südamerika für einen Strauß-Geheimdienst, verstrickt in Waffenhandel, Spendenschleuserei vorbei an Steuer und Parteiengesetz … (Die Gelder, die Strauß großzügig nach eigenem Gutdünken verteilte, stammten, kam später ans Licht, vom deutschen Steuerzahler; Strauß konnte sich aus einem vertraulichen Fonds des Bundes zur Förderung der Demokratie in Ex-Diktaturen bedienen.)

Augstein unterbrach mich: Müssen wir haben. Pack Akten und die Lieferanten ein. Ich schicke ein Flugzeug. Steht schon hier bereit.

Mit Heigl war man rasch handelseinig. Dem Aktenbeschaffer Huber erklärte ich, ihm würden wir nichts zahlen. Auf dass er notfalls bei Gericht wahrheitsgemäß aussagen könne, er sei kein vom SPIEGEL gekaufter Zeuge. Huber verstand das. Gegen 6.00 Uhr stiegen wir drei auf dem Vorfeld des Flughafens Nizza in eine Cessna 500, den Jet, den Augstein geschickt hatte. Start 6.30 Uhr Richtung Hamburg. Unten schlummerten die beiden STERN-Leute in Haut de Cagnes im Schlosshotel »Le Cagnard«.

Heigl erinnert sich: »Im Chefredaktionszimmer warteten Rudolf Augstein und Erich Böhme. Sieben Stunden saß man zusammen. Augstein prüfte jedes Blatt aus der Strauß-Dokumentation mit der Akribie eines Briefmarkensammlers. Er hielt sich mit einer Hand das rechte Auge zu und las mit dem anderen Auge Zeile für Zeile. Oft lachte er auf, schlug sich auf die Schenkel; jedes Blatt reichte er an Böhme weiter.«

Ich bat meinen Bonner Kollegen, Klaus Wirtgen, mir in Hamburg zur Seite zu stehen. Zwei Tage lang redeten wir mit Huber. Jedes Wort wurde auf Tonband und von Stenografen festgehalten. Jedes DIN-A4-Blatt des 448-Seiten-Protokolls wurde von Huber als eidesstattliche Erklärung abgezeichnet. Kollegen des Auslandsressorts, der Bonner Redaktion, des Hamburger Archivs gingen in die Vollen und halfen beim Ein- und Zuordnen der Papiere. Es entstand ein Titel-Manuskript in zwei Teilen, das wir per Botin zu Augstein in den Winterurlaub nach St. Moritz schickten, zwecks Gegenlesens. Zu Beginn des Wahljahrs 1980 erschien dann am 25. Februar der SPIEGEL-Titel mit dem Strauß-Konterfei unter der Überschrift »Das Sicherheitsrisiko«.

Letzte Zeile des Textes: »Franz Josef Strauß will Kanzler werden, Gefahr ist im Verzug.«

Ganz anders als Kohl war Strauß kein Übelnehmer. Nicht lange nach dem Doppelschlag gegen seine weltweiten Umtriebe im ultrarechten Milieu nahmen wir die Praxis unserer vertraulichen Treffs mit Strauß ohne Wissen der CSU-Hofkamarilla um Gerold Tandler und Edmund Stoiber wieder auf, bei denen uns der CSU-Chef mit mannigfachen Analysen zur Weltlage und zur Lage der Unionsparteien versorgte. Diesmal trafen wir uns mittags im sogenannten »Büro«, einem kleinen Séparée im ersten Stock des Münchener Restaurants »Käfer«. Der SPIEGEL-Kollege Winfried Didzoleit war mitgekommen. Strauß mochte es, mit dem Fachmann über Finanz- und Währungsfragen zu diskutieren.

Strauß orderte gleich nach Betreten des »Büros« beim Ober für sich eine große Kanne Orangensaft. Die stand – vier Stunden und sieben Champagnerflaschen »Dom Pérignon« später – immer noch randvoll auf der Anrichte hinter Strauß. Wir fragten ihn zum Schluss, wie einem wie ihm so etwas wie mit seinem Auslandsreferenten Huber hatte passieren können? Jemanden mit diesem Wissen um heikle Vorgänge lasse man doch nicht einfach ziehen, und dann auch noch unter Mitnahme jeder Menge brisanter Akten. So je-

Treffen mit dem SPIEGEL ohne Wissen der CSU-Hofkamarilla, Franz Josef Strauß im Gespräch mit den Redakteuren Dirk Koch und Klaus Wirtgen (r.)

manden habe man doch an sich binden müssen, notfalls mit Geld. Strauß widersprach. Der Huber habe gedrängt, zu ihm als Ministerpräsidenten in die bayerische Staatskanzlei wechseln zu dürfen. Dort aber habe er den nicht haben wollen.

Strauß: »Ja, was hätte ich denn machen sollen? Ihn von ’ner Brücke stoßen?«

14
Tonband-Rolex

Nach einem ausführlichen SPIEGEL-Gespräch im Dezember 1977 lud Franz Josef Strauß die Redakteure Rudolf Augstein, Erich Böhme und Dirk Koch zu einem Umtrunk in sein Büro in der Münchener Parteizentrale ein. Erst gab es aus der Hand des Vorsitzenden unter großem Hallo für die drei vom SPIEGEL als Souvenir silberne Münzen mit dem Profil des Franz Josef Strauß auf der einen und dem bayerischen Staatswappen, umrahmt von der Inschrift »Christlich Soziale Union in Bayern«, auf der anderen Seite. Dann gab es Bier. Ich bat um Wasser, da ich das Interview noch redigieren musste. Nach zwei, drei Maß zeigten sich bei Augstein und Böhme ungewohnt früh Anzeichen beginnender Trunkenheit, bei Strauß nicht. (Später stellte sich heraus, die Vorzimmerdamen hatten auf Weisung des CSU-Vorsitzenden hin den beiden SPIEGEL-Bossen tüchtig Enzian in die Hellen geschüttet.)

Der Vorsitzende politisierte lang und breit, erging sich besonders ausführlich in Häme über die Schwäche der Bonner CDU/CSU-Opposition, angeführt von Helmut Kohl. Auf unabsehbare Zeiten werde man vom Regieren ausgeschlossen bleiben. Abgrundtief waren die Zweifel des CSU-Chefs, die C-Parteien könnten mit einem wie Kohl wieder den Kanzler stellen. Mitgerissen von der eigenen Schilderung des Elends der Unionschristen offenbarte Strauß uns geheime strategische Gedanken.

Unter diesen bedrückenden Umständen wäre er bereit, sagte Strauß, für die Rückkehr an die Macht einen hohen, einen sehr hohen Preis zu zahlen. Obwohl die Union die meisten Sitze im Bundestag halte und deshalb in einer Koalition Anspruch auf das Amt des Regierungschefs hätte, solle die CDU/CSU als Juniorpartner in eine Regierung unter SPD-Kanzler Helmut Schmidt eintreten. Die FDP aus der jetzt regierenden Koalition zu kegeln dürfte nicht allzu schwer fallen. Schmidt würde eine Große Koalition bevorzugen.

Das waren scharfe News. Vor den Augen von Strauß durfte ich mir dazu keine Notizen machen, er hätte sich sogleich jegliche Veröffentlichung verbeten. Also ging ich zur Toilette, hielt hinter geschlossener Türe in Kürzeln die Strategie Juniorpartner in meinem Block fest, schrieb wörtliche Strauß-Zitate auf. Im Taxi fragte ich Augstein und Böhme, ob sie eigentlich mitbekommen hätten, was Strauß eben über einen Beitritt als Juniorpartner in eine Koalition unter einem Kanzler Schmidt gesagt habe? Nö, spinnen würde ich.

Gleich montags in der Früh ging in Bonn das Telefon, Böhme am Apparat. Strauß habe ihn gerade angerufen.

»Ist deine Uhr präpariert?«, fragte Böhme.

»Nein. Was soll der Quatsch?«

Strauß habe gesagt, was der Koch über seine Bereitschaft zur Juniorrolle unter Schmidt geschrieben habe, sei eine Sauerei.

Geheimdienstfan Franz Josef Strauß führt den SPIEGEL-Redakteuren Dirk Koch und Erich Böhme (r.) eine Armbanduhr mit Tonband vor

Der Koch, der sei »doch ein Gangster«. Der habe ein Tonbandgerät in seiner Rolex, seiner Armbanduhr. Denn »alle Zitate stimmen wortwörtlich«. Man habe das überprüfen können, habe Strauß dann gesagt. Man habe nämlich selbst heimlich die ganze Unterhaltung mit den SPIEGEL-Leuten in seinem Büro auf Tonband mitgeschnitten. (Übrigens, aus der Strauß-Strategie wurde nichts, Kohl legte sich quer.)

P.S.: Böhme und ich haben Strauß wenig später besucht. Der Geheimdienstfan führte uns, auch um sich für seinen Verdacht gegen mich zu rechtfertigen, stolz ein Stück Handwerkskunst für den Agenteneinsatz vor: Eine Armbanduhr mit eingebautem Mikrofon und Tonbandgerät.

15
Die Ohnmacht

Wieder in Sachen FJS unterwegs, im Winter 1983, wieder an der Côte d'Azur.

Aus der CSU, vom äußersten rechten Rand, wo man mit dem neuerdings weichen Kurs des bayerischen Ministerpräsidenten und Parteivorsitzenden gegenüber den Kommunisten in Ostberlin überhaupt nicht einverstanden war, hatte uns ein sehr interessanter Hinweis erreicht. Bei dem von Strauß eingefädelten Kredit der Bundesrepublik für die DDR in Höhe von einer Milliarde D-Mark hätte es eine saftige Provision gegeben. 20 Millionen D-Mark wären in Richtung CSU und Strauß zurückgeflossen, schwarz natürlich. Simon Goldenberg sei eine Schlüsselfigur bei dem Deal, wurde uns gesteckt, den müsse man zum Plaudern bringen. Das würde schwierig werden, das war das einzige, was ich mit Gewissheit wusste.

Goldenberg, 1914 in Konstantinopel geboren, war ein schwerreicher Ost-West-Händler, der zeitweise von der DDR aus operierte und die chronische Devisenschwäche des Honecker-Regimes zu lindern verstand. 1976 durfte er ohne jede Schwierigkeit mit seiner Familie aus der DDR nach

Bayern übersiedeln. Er kam bei den Gebrüdern März unter. Über Goldenberg hatten die Fleischgroßhändler ihre Schlachtviehimporte aus der DDR abgewickelt. Über Goldenbergs Firma auch war der Milliardenkredit angeschoben worden, dank der engen Freundschaft der Brüder März zu Franz Josef Strauß. In deren Prachtvilla im oberbayerischen Pang hatten Strauß und der DDR-Unterhändler Alexander Schalck-Golodkowski das Kreditgeschäft ausgehandelt. Wie an Goldenberg herankommen? Der war mit seiner Ehefrau Helga Scheufler, Tochter eines hohen DDR-Funktionärs, inzwischen weitergezogen aus Pang in Bayern an die französische Riviera. Walter Smerling, ein aufgeweckter junger Filmemacher, half uns.

Smerling kannte Goldenberg. Er hatte für »Monitor« einen TV-Beitrag über den Milliarden-Kredit und seine Hinterleute gedreht. Auf unser Bitten hin rief er Goldenberg in Südfrankreich an: Er habe da per Zufall einen »alten Freund« (was gelogen war, wir hatten uns eben erst kennengelernt) getroffen. Der alte Freund habe Dokumente über seine, Goldenbergs, nachrichtendienstlichen Kontakte zum Ministerium für Staatssicherheit (MfS) der DDR in der Hand (was nicht gelogen war). Darüber wolle der Mann mit ihm reden. Smerling sagte selbstverständlich nicht, dass der alte Freund ein SPIEGEL-Redakteur war. Goldenberg wollte erst nicht, schließlich aber doch, er war neugierig.

Die Reise zu Goldenberg fing schon nicht gut an. Kurz nach dem Start von Frankfurt stand mein V-Mann von seinem Sitz auf, er fiel der Länge nach im Mittelgang hin – ohnmächtig. Zwei Lufthansa-Stewardessen eilten mit Sauerstoffflasche und Atemmaske herbei, Smerling kam langsam wieder zu sich. Unter den Passagieren breitete sich Unruhe aus. Die Stewardessen wollten weiteres Aufsehen vermeiden und baten Smerling und mich als seinen Begleiter in die Busisnessclass. Zogen hinter uns den Abteilvorhang zu. Ob wir ein Glas Champagner als Kreislaufstützte wollten? Ja, gerne. Das leise und bescheiden gesprochene »aber das ist doch nicht nötig« haben sie wohl nicht gehört. Beim Sinkflug auf Nizza das gleiche Malheur. Smerling erhob sich und fiel in Ohnmacht.

Also gut, so Goldenberg am Telefon, gleich würde er uns am Flughafen abholen. Aber eines wolle er schon am Telefon klarstellen: Vor den anderen Gästen, mit denen wir zur Nacht essen sollten – es gebe Lachs –, kein Wort über die ganze Chose. Zwanzig Minuten später rollt der graue 350er Mercedes, Münchener Nummer, heran. Goldenberg, klein und breit am Steuer, neben ihm ein breitschultriger Schwarzhaariger, der uns durch die Frontscheibe aufmerksam mustert.

Hinter Nizza rechts ein Seitental hoch rast Goldenberg, als gebe es kein Morgen mehr. Auf der Höhe, kurz vor Saint-Paul-de-Vence, biegt er links ab, dahin, wo es wirklich teuer ist an der Côte d'Azur. Zwei, drei Biegungen weiter und der Wagen stoppt vor einem eisengefassten, schweren Holztor, ein Lichtzeichen zum Fernsehauge, und die beiden Flügel drehen langsam nach innen. »Mas de Vignes« ist auf einen Torpfeiler gemeißelt. Eine geschwungene Auffahrt hin zu einer flach gestreckten mediterranen Villa in hellem Bruchstein, der Blick ins Hügelland vorbei an stämmigen Palmen im Hang, durch ein zweites Tor geht es in einen Innenhof, in der Mitte ein Springbrunnen, Goldfische. Eine arabische Haushilfe bringt meine im Vestibül abgestellten Taschen in die Wohnhalle nach. Darin sind die Unterlagen über Goldenbergs Tätigkeit bei der Firma F.C. Gerlach, die deutsch-deutsche Geschäfte abwickelt und für die Staatssicherheit der DDR spioniert hat.

Der Hausherr ist mittlerweile bei der fünften Filterzigarette, lässt von der Araberin Whisky on the rocks reichen. Hier auf der Couch habe ihn im Juni ein Herzinfarkt erwischt. Bloß sieben Tage sei er auf der Intensivstation gewesen, dann habe er das Gestöhne und Röcheln neben sich nicht mehr aushalten können. Da sei er einfach abgehauen, er sei stark. »Prost.« »Ja, aber an uns hast du nicht gedacht, welche Sorgen wir uns gemacht haben.« Frau Goldenberg ist dazugekommen.

Unvermittelt beginnt Goldenberg auf Journalisten zu schimpfen. Ein Reporter hat sein Vertrauen missbraucht, faucht er, und Falsches über ihn und seinen Wechsel aus der DDR nach Bayern in die Nähe des Franz Josef Strauß geschrieben. Im Hotel »Vierjahreszeiten« in München hat er ihn getroffen, »ein Schwein, einen Auswurf« hat er, sagt er, den Schreiberling beschimpft. Hätte der Reporter sich irgendwie gewehrt, »ich hätte ihn getötet«. Goldenberg schüttelt die Faust mit dem schweren Goldring, rollt die dunkelbraunen Augen. Er könne keinem Tier etwas zuleide tun, auch keinem Menschen, »wohl aber Schweinen«. Dieser Journalist ist »ein Schwein, ich möchte ihm am liebsten den Kopf abschneiden«. Entweder hat der einen an der Glocke, habe ich gedacht, oder der ist besonders gerissen, veralbert uns und zieht eine Show ab, um uns abzulenken. Die anderen Gäste treffen ein, Goldenbergs Herzspezialist mit Frau und zwei Kindern; kurz vor 23 Uhr verabschieden sie sich nach dem gemeinsamen Nachtessen. Goldenberg hat den beiden Jungen in der Türe größere Geldscheine zugesteckt. Man sitzt weiter zu Tisch, kommt zur Sache ohne fremde Ohren.

Frage an Frau Goldenberg: Ob sie eigentlich wisse, dass sie es gewesen sein soll, die ihrem Mann das neue Ermittlungsverfahren der Bundesanwaltschaft wegen des Verdachts nachrichtendienstlicher Beziehungen eingebrockt hat? Goldenbergs Augen flitzen hin und her, er schiebt seinen Stuhl vom Kopfende der Tafel zurück, wringt die Serviette, brummelt dazu Unverständliches. Sie ist sehr nervös, zerknüllt die Zigarette, schimpft zu ihm hinüber. Goldenberg bellt zurück, sie solle ruhig sein und uns reden lassen. Was also stecke dahinter?

Wir berichten von der Aussage eines gewissen Zimmermann aus Frankfurt, eines Ost-West-Händlers, der unter Betrugsverdacht steht. Frau Goldenberg, gab Zimmermann bei den Ermittlern zu Protokoll, hat ihm gegenüber offenbart, sie und ihr Mann hätten 1976 die DDR nur unter der Bedingung verlassen dürfen, dass sie im Westen weiterhin mit dem Ministerium für Staatssicherheit, dem MfS, zusammenarbeiten würden.

Goldenberg brüllt, der Zimmermann ist »ein Schwein«, ein »ganz hinterhältiger Halunke«. Ja, den hat man im Urlaub in Jugoslawien kennengelernt. 200 000 Mark hat er ihm geliehen, ohne Zinsen, »so ein guter Mensch bin ich«. Nach Ablauf eines Jahres ist das Geld fällig gewesen, »aber der Zimmerman hat nicht gezahlt«. Das Ganze ist ein Racheakt.

Was sie alles durchmachen muss, klagt Frau Goldenberg. Bekannte von ihr sind auch schon vernommen worden. Denen haben die Fahnder zu verstehen gegeben, ihrer Überzeugung nach hat sich Helga Goldenberg im Auftrag des MfS an Franz Josef Strauß heranmachen sollen. Der Gemahl verbietet ihr wieder den Mund. Er schickt sie nach mehr Rotwein.

Goldenberg will wissen, was wir über ihn wissen. Ihn interessiert das Aktenstück des früheren bayerischen Verfassungsschutzpräsidenten Hans Ziegler mit Angaben zur Person Goldenberg. Wir zeigen es ihm.

»Nach Unterschlagungen und Scheckbetrügereien flüchtete er im April 1951 aus Frankreich«, heißt es darin, »seit 1956 ist Goldenberg als Kontaktperson östlicher Nachrichtendienste bekannt. Goldenberg wurde in seinem Büro in Ostberlin und teilweise auch privat von einem MfS-Führungsoffizier und von einem Angehörigen eines sowjetischen Nachrichtendienstes besucht.«

Alles erfunden und erlogen, schreit Goldenberg. Nichts zu schaffen hat er mit Nachrichtendiensten, unschuldig ist er, »das schwöre ich beim Leben meiner Kinder, beim Leben meiner Frau«. Das sagt er im Laufe des Abends noch öfter und fügt zuweilen hinzu: »Oder Sie können mir den Kopf abschneiden.« Die einzige Strafe, die er in seinem Leben erhalten habe, »war wegen Falschparkens vor dem Bahnhof in Rosenheim«.

Da hat es aber doch auch zwei Haftstrafen gegeben? Er reagiert ungestüm: Das ist lange her, hätte er zu dieser Zeit einen Mord begangen, wäre der längst verjährt.

Die Fragen nach seiner Zeit in der DDR, im bayerischen Rosenheim, nach seinen Beziehungen zur Firma Gerlach und zum MfS, nach überhöhten Provisionen im Ost-West-Geschäft, die zu Teilen über Konten in der Schweiz fließen, all diese Fragen umgeht er weitschweifig oder kontert sie mit Gegenfragen nach der Art: »MfS, was ist das?«

Während Smerling sich mit Goldenberg unterhielt, versuchte ich es bei meiner redefreudigen Tischnachbarin. Behutsam fragte ich Helga Goldenberg, ob ihr vielleicht etwas von einer 20-Mllionen-Provision in Richtung CSU und Strauß für die Kreditvermittlung zu Ohren gekommen sei? Könnte auch mehr gewesen sein. Sie antwortete nicht mit einem klaren »Nein«. Sondern mit der Gegenfrage, woher wir denn schon wieder davon gehört hätten? Goldenberg, der uns gegenüber saß, muss unser Gespräch mitbekommen haben. Er fauchte seine Frau an, sie solle ihren Mund halten und verschwinden. Ich hielt es an der Zeit, mich als SPIEGEL-Mann zu erkennen zu geben. »Sie können mir die Kehle durchschneiden«, war Goldenbergs Replik. Er zog ein Messer aus der Tischschublade vor sich.

Smerling kippte mit seinem Stuhl um. Nach hinten. Wieder ohnmächtig. Bumste mit dem Kopf auf den Schafwollteppich über den Steinfliesen. Bald schlug er die Augen wieder auf, nach zwanzig Minuten war er wieder hergestellt. Von der Empore in der Wohnhalle rief Frau Helga hinunter: »Pass auf, Simon, dem fehlt gar nichts. Die wollen dich reinlegen. Schmeiß die raus.« Tat er nicht. Wir unterhielten uns weiter. Als es schließlich Zeit zum Aufbruch war, sagte Goldenberg: »Sie haben viel gefragt, ich habe viel geredet, aber ich habe nichts geantwortet.« Die angeblichen 20 Millionen für Strauß und die CSU, auch sie blieben, wenn sie denn geflossen sind, sein Geheimnis.

Ein Uhr ist vorüber, er besteht darauf, uns nach Nizza ins Hotel zu fahren. Im Wagen reichen wir das Kompliment von Richard Meier, des früheren Präsidenten des Bundesamtes für Verfassungsschutz, weiter, Goldenberg sei ein Mann, »mit dem werden wir nicht fertig«. Er wendet sich halb nach hinten und stößt hervor: »Bestellen Sie Ihren Abwehrleuten, sie haben ihr Gehalt nicht verdient.« Wurde zur Überschrift unseres Artikels.

Smerling habe ich nach all den Jahren erstmals wieder getroffen. Er hat eine Filmfirma, ist renommierter Vorsitzender der Bonner Stiftung »Kunst und Kultur«, hat den Maler Anselm Kiefer zum Freund, bereitet in acht Städten Chinas gleichzeitig Ausstellungen chinesischer Gegenwartskunst vor.

»Walter, warum bist du ständig ohnmächtig geworden«, fragte ich. Ob die Aufregung zu viel für ihn gewesen sei?

»Immer wenn ich lügen muss, wird mir ganz mulmig. Ist auch heute noch so. Ich kann das Lügen nicht ertragen.«

Sagte er und fiel nicht um. Muss also stimmen.

16
Der Vertrag

Feierabendstimmung, die Geschichten aus der Bundeshauptstadt für die nächste SPIEGEL-Ausgabe waren geschrieben und mit den Kollegen der Dokumentationsredaktion in Hamburg auf sachliche Richtigkeit durchgesprochen, der Redaktionsschluss rückte heran. Dann die Eilmeldung: Attentat auf Schäuble.

Am Abend des 12. Oktober 1990, eines Freitags, hatte ein geistig gestörter 36-Jähriger den Bundesinnenminister hinterrücks niedergeschossen. Wolfgang Schäuble war von zwei Kugeln, Kaliber.38, aus einem Smith&Wesson-Revolver im Rücken und im Gesicht getroffen worden, als er nach einer CDU-Wahlkampfveranstaltung den Gasthof »Brauerei Bauer« im Schwarzwaldort Oppenau verlassen wollte.

Klaus Wirtgen und ich machten uns ans Recherchieren und Schreiben. Wie schlimm es um den Minister stehe? Schlimm, gab sein Staatssekretär Hans Neusel Auskunft, Schäuble könne die Füße nicht mehr bewegen, das Rückgrat sei zerschossen. Na dann, waren Wirtgen und ich uns einig, können wir unser Buchprojekt mit Schäuble vergessen.

Weit gefehlt.

Zehn Tage zuvor, beim CDU-Bundesparteitag in Hamburg, hatten wir mit Schäuble, dem Architekten und bundesdeutschen Verhandlungsführer des deutsch-deutschen Einigungsvertrages, verabredet, in einem Buch die Entstehungsgeschichte dieses zentralen Einheitsdokuments zu sichern. Er, Schäuble, solle berichten, wir, Wirtgen und ich, würden auf der Grundlage der Tonbandabschriften den Buchtext schreiben, er solle als Autor aufs Cover, wir würden Herausgeber sein.

Kaum war Schäuble aus der Intensivstation der Universitätsklinik Freiburg in die Rehabilitationsklinik Karlsbad-Langensteinbach südöstlich von Karlsruhe verlegt worden, rief seine Sekretärin, Helga Heyden, an: Der Chef wolle wissen, was denn jetzt aus unserem Buch würde? Wirtgens und meine stille Hoffnung hatte getrogen, der Kelch dieser Zusatzbelastung zu unserem anstrengenden SPIEGEL-Job (auch wenn wir ihn uns selbst eingeschenkt hatten) wäre an uns vorübergegangen.

Es hatte keiner großen Überredungskünste bedurft, als Wighard Härdtl, der Leiter der Ministeriumsarbeitsgruppe »Deutsche Einheit«, von Schäuble wegen des Buches um Rat gefragt worden war. Eigentlich, sagte der Minister, hätte er jetzt ja andere Probleme. Härdtl widersprach, dies sei eine einmalige Gelegenheit, Schäuble habe die historische Verantwortung, seine Erfahrungen für die Nachwelt zu bewahren. Forschung und Politik würden noch Jahrzehnte von einem solchen Buch profitieren. »Wenn Sie das nicht machen, machen es andere.«

Schäuble war umso leichter dabei, weil ihm gar nicht gefiel, wie Helmut Kohl sich feiern ließ. Als hätte er ganz alleine die deutsche Einheit hingekriegt. Dabei war es doch Schäuble gewesen, der mit seinen Ministerialen, vornedran Härdtl, das äußerst komplizierte Zusammenfügen der beiden deutschen Staaten mit ihren unterschiedlichen Rechtssystemen, die Auflösung der DDR und deren Beitritt in Gestalt von fünf Bundesländern zur Bundesrepublik Deutschland bewältigt hatte, unter engagierter Mithilfe seines DDR-Verhandlungspartners Günther Krause. Schäuble wollte das Buch, auch um seinen gewichtigen Anteil an der Wiedervereinigung Deutschlands für die Geschichtsbücher festzuschreiben und Kohl nicht den ganzen Ruhm der Einheit ungeteilt zu überlassen.

Dass es mit der Freundschaft Schäuble/Kohl nicht weit her war, wussten wir seit langem. Schon in seiner Zeit als Kanzleramtsminister war es der äußerst akkurate Einser-Jurist Schäuble recht bald leid gewesen, dem unorganisierten, aktenfaulen Kohl stets hinterherräumen zu müssen. Einhalten von Terminplänen? Abstimmen der Regierungsgeschäfte, der Ministerien untereinander und mit der Bundestagsfraktion? Genaues Vorbereiten der Kabinettssitzungen? Weitergabe der Informationen über internationale Absprachen? Lag dem Kanzler aus der Pfalz nicht. »Der lässt alles so hinter sich herumfliegen«, beklagte sich Schäuble. Er war heilfroh, als sich ihm die Chance bot, aus dem Kanzleramt auszusteigen und den Posten des Bundesinnenministers zu übernehmen.

Die medizinische Versorgung war ausgezeichnet. Aber das Buchprojekt wurde für Schäuble zum Halteseil, an dem er sich zurück in sein Leben hangelte, das Leben in der Politik.

Seine Ehefrau Ingeborg war anfangs strikt dagegen, dass sich ihr schwer verletzter Mann diese Mühen aufhalste. Wenig später, als wir mit dem Arbeiten am Buch angefangen hatten, sagte sie zu Härdtl, sie habe sich geirrt. Das Buchprojekt sei die beste Therapie für ihren Mann. Er sei immer, wenn es mit dem Buch weitergehe, so gut drauf wie sonst nie.

Dabei war es ein mühsames Geschäft, für alle Beteiligten. Wirtgen und ich fuhren, wann immer es die Verpflichtungen für den SPIEGEL erlaubten, also meistens an Wochenenden, über die Autobahn nach Langensteinbach. Das Krankenzimmer war überheizt, die Raumtemperatur lag bei 30 Grad Celsius. Schäuble wollte es so, weil er seiner Querschnittlähmung wegen stets fröstelte.

Attentatsopfer Wolfgang Schäuble im Gespräch mit seinen Koautoren Dirk Koch (l.) und Klaus Wirtgen zum Buch »Der Vertrag«, einem Standardwerk über die Verhandlungen zur deutsch-deutschen Einheit (neben Schäuble dessen Ehefrau Ingeborg)

Bei unseren ersten Arbeitssitzungen lag der Minister flach auf dem Bett. Sein Mund war durch eine Schraube im Oberkiefer und eine Schraube im Unterkiefer mittels einer Draht-Acht fixiert; die Kugel hatte Unterkiefer und Oberkiefer durchschlagen und war neben der Nase ausgetreten. Eine Schwester dröselte den Draht auf, Schäuble vermochte den Mund nur leicht zu öffnen, antwortete auf unsere Fragen schwer verständlich leise, unsere Sekretärin hatte später Schwierigkeiten, seine Worte vom Tonband abzuschreiben.

Hilfreich war Härdtl. Er hatte anhand seiner Akten die jeweiligen Themenbereiche vorbereitet. Er sprang seinem Minister bei, wenn der sich nicht recht erinnern konnte. Die Befragungen zogen sich über Stunden hin, der Patient musste, häufig erschöpft, Pausen einlegen. Wollte er, der besseren Konzentrationsfähigkeit wegen aus der Waagrechten in eine halbsitzende Position aufgerichtet werden, machte sein Kreislauf Schwierigkeiten, ihm wurde schwindelig.

Doch Schäuble erholte sich erstaunlich rasch. Dazu hatte wesentlich beigetragen, dass sich herausstellte, er werde im Rollstuhl sitzen können, er würde nicht, wie anfangs befürchtet wegen der Lähmung vom dritten Rückenwirbel an abwärts, liegend behindert bleiben. Damit war klar, dass er in die Politik zurückkehren konnte. Sogar den von ihm angestrebten Schlüsselposten eines Vorsitzenden der CDU/CSU-Fraktion im Deutschen Bundestag würde er, wie dann geschehen, übernehmen können.

Die Gespräche zum Buch zogen sich in einer Vielzahl von Zusammenkünften in dem weiterhin schlecht durchlüfteten, überhitzten Krankenzimmer über etliche Stunden hin, Wirtgen und ich hatten des Öfteren Schwierigkeiten, konzentriert dem Minister zu folgen, wenn der leise über knifflige Sachverhalte des deutsch-deutschen Vertrages berichtete.

Eine kleine Feier gab es, als Schäuble zum ersten Mal im Rollstuhl fahren konnte. Wir schenkten ihm einen Bogen und Pfeile. Es war keine gute Idee; das Behinderten-Sportgerät gemahnte ihn zu sehr an sein Schicksal. Überdies fehlte es ihm nach der Bettzeit an Muskelkraft, den Bogen von lediglich 30 Pfund Zuggewicht zu spannen. Aber seine Pfeife schmeckte ihm wieder. Auf die Gesundheitsschädlichkeit angesprochen, antwortete er, »warum soll einer wie ich nicht rauchen«.

Wir machten uns nach genauestem Gliedern ans Schreiben auf der Grundlage Hunderter Seiten unserer Gesprächsprotokolle in Langensteinbach. Wirtgen schrieb eine Hälfte, ich die andere. Jede Textseite wurde Schäuble zum Autorisieren zugeleitet. Das Manuskript »Wolfgang Schäuble: DER VERTRAG – wie ich die deutsche Einheit verhandelte« wurde an die Deutsche Verlags-Anstalt (DVA), Stuttgart, verkauft. Schäuble, der sein Privathaus behindertengerecht umbauen musste, erhielt drei Fünftel des Honorars, wir je ein Fünftel. Das Buch war ein Bestseller, weit über 200 000 Exemplare wurden abgesetzt; es wurde in mehrere Sprachen übertragen.

Das letzte Kapitel hatten wir in Telefonkonferenzen von drei Krankenlagern aus abgeschlossen: Schäuble in der Reha-Klinik Langensteinbach, Wirtgen mit einem Beinbruch zuhause, ich nach einem Hörsturz in der Uni-Klinik Bonn.

17
Kokain zu Weihnachten

Irgendetwas stimmte hier nicht. Beide hatten das gleiche Gefühl, stellte sich beim Reden im Auto heraus. Klaus Wirtgen und ich steuerten im Sommer 1984 einen abgelegenen Gasthof weit außerhalb Münchens an. Beide fühlten sich bestätigt durch die Hülle und Fülle auf dem gescheuerten Tisch, der gespickt mit weißblauen Papierfähnchen in der Mitte des Gastraums stand, in den uns der Gastgeber von der Pforte her hineinkomplimentiert hatte.

Fleischpflanzerl kalt, Fleischkäse warm, Blutwürste, Bauernspeck, Schinken, Landjäger haufenweise, der Radi in großen weißen Kringeln, Obatzter, Bergkäse, Schweizerkäse, in den Schüsseln dampften Leberknödelsuppe und Weißwürste im Sud, Brezeln, Semmeln, kräftiges Bauernbrot, Katholischer Senf in großen Gläsern auf weißblauen Servietten, der Meerrettich aufgetürmt auf einem Teller inmitten von Apfelspalten, Heringsvariationen satt, Wurstsalat, Krautsalat mit und ohne Kümmel. In Tiegeln voller Griebenschmalz steckten Aufstrichmesser.

Kaum saß man im Herrgottswinkel am runden Stammtisch, brachte die Wirtin im rotweißen Dirndl würzigen

Obstler und große Helle herbei. Wie viele Leute er denn erwartet, fragten wir den Gastgeber, einen Politiker der Christlich-Sozialen Union von zweifelhaftem Ruf. Der hatte uns zu einer »einfachen Brotzeit« eingeladen, wollte »mal ungestört ein wenig plaudern über dies und über das«. Niemand kommt mehr, antwortete er, alles für uns, nur ordentlich zugreifen sollen wir. Und gestört würden wir auch nicht, das Schild »Geschlossene Gesellschaft« stecke im Türfenster und abgesperrt sei auch. Hier stimmte wirklich was nicht. Kannten wir doch den Mann als jemanden, der eine heftige Allergie gegen Spendierhosen hatte. Eingeladen werden, ja gerne, das mochte er. Selbst zahlen, gar einladen? Lieber nicht, lag ihm überhaupt nicht.

Wir füllten Schmankerl auf unsere Teller, nur einige, der schiere Anblick der Schlaraffentafel nahm den Appetit. Wir redeten »über dies«, die langweilige CDU in Bonn unter Kohl, und »über das«, die Hinterfotzigkeit, die Feigheit und die Faulheit des Franz Heubl, des Strauß-Gegners in den oberen Rängen der CSU, dessen Wochenarbeitszeit allenfalls acht Stunden betrage. Alles nichts Neues, alles letztlich belangloses Zeugs. Dafür der ganze Aufwand? Da ging die Gastraumtüre auf und hereinkam doch noch einer. Ein bekannter Rechtsanwalt, zwei Aktentaschen links und rechts. Auch er ein Mann mit Fehl und Tadel.

Die zweiten Biere wurden serviert, die Teller abgeräumt, die beiden Taschen öffneten sich. Heraus kamen die wahren Leckerbissen. Aktenbündel neben Aktenbündel, daran an Heftklammern jeweils die Kopien in Plastikhüllen, bald war der ganze Tisch bedeckt, eine schöne Bescherung. Alles Material gegen Jürgen W. Möllemann, den FDP-Staatsminister im Auswärtigen Amt des FDP-Außenministers Hans-Dietrich Genscher.

Der Kern des Wustes aus Geschäftsnotizen, Vermerken, Verträgen, eidesstattlichen Erklärungen, Zeugenprotokollen: Möllemann hatte allem Anschein nach sein Amt als Staatsminister und private Geschäfte miteinander vermischt. Beispielweise: Er hätte versucht, Verluste und Nachschussverpflichtungen in Höhe von über 400 000 D-Mark aus einer Beteiligung an der Jugendzeitschrift »Twen« abzuwälzen auf einen Kompagnon. Dem Partner hätte er im Gegenzug angeboten, kraft seines Amtes und seiner Beziehungen bei Geschäften in Arabien zu helfen.

Wir blätterten weiter in den Papieren und stießen auf Hinweise zu Aktivitäten des stellvertretenden Außenministers im Bereich Waffenexport nach Mittelost. Im Oktober 1983 hatte Möllemann – er war Vorsitzender der Deutsch-Arabischen Gesellschaft – Bundeskanzler Helmut Kohl auf einem offiziellen Besuch in Saudi-Arabien begleitet. Er hätte sich, lasen wir in den Akten, als proarabischer Fürsprecher von Waffengeschäften der deutschen Rüstungsindustrie mit den Saudis hervorgetan. Da hatten wir's. Deshalb der dralle bayerische Abend.

Möllemann störte die Kreise unseres Gastgebers. Der und sein Anwalt hätten die Finger drin in Waffengeschäften mit Arabern, war uns eben erst gesteckt worden. Die beiden wollten mitkassieren bei den millionenschweren Provisionen, die demjenigen winkten, dem es gelang, die Hürden der deutschen Rüstungsexportbeschränkungen zu überwinden. Möllemann sollte als Konkurrent via SPIEGEL ausgeschaltet werden.

Es hat uns gestört, ein wenig, solchen Figuren eventuell von Nutzen zu sein. Es hat uns nicht so sehr gestört, dass wir deshalb darauf verzichtet hätten, das Material gegen Möllemann zu verwenden. Wir recherchierten umfangreich, sicherten die Aktenangaben durch Zeugenaussagen ab. Am 18. Juni 1984 erschien der SPIEGEL mit der Banderole auf dem Titelblatt »Die Geschäfte des Bonner Staatsministers M.« Darauf die übliche Reaktion. »Übles Machwerk« (Möllemann), einstweilige Verfügung (EV). Das Landgericht Bonn untersagte uns, über Möllemann zu behaupten, er habe sein Amt und seine privaten Geschäfte miteinander verquickt. Der SPIEGEL wurde dazu nicht gehört, die EV erging wegen Dringlichkeit ohne mündliche Verhandlung.

AA-Staatsminister Alois Mertes (CDU) tat sich schwer, im Bundestag Abgeordnetenfragen zu beantworten. Protokollauszüge:

Klein (SPD): »Herr Staatsminister, ist Ihnen bekannt, ob sich Ihr Kollege Möllemann gegen die Behauptung des SPIEGEL nicht nur in Form von einstweiligen Verfügungen wehrt, die ja relativ rasch zu bekommen sind, sondern auch den SPIEGEL verklagt und wenn ja, zu welchem Zeitpunkt?«

Mertes: »Herr Kollege, ich verstehe den Sinn Ihrer Frage nicht.«

Verheugen (SPD): »Herr Staatsminister, da eine einstweilige Verfügung ja noch nichts darüber aussagt, ob die inkriminierten Erklärungen richtig sind oder falsch, da Herr Möllemann selbst erklärt hat, er wolle alle gebotenen rechtlichen Mittel anwenden, frage ich Sie, welche anderen rechtlichen Mittel ihm noch zur Verfügung stehen.«

Mertes: »Herr Kollege, sehen Sie es bitte nicht als eine Missachtung der Stellung eines Abgeordneten an, wenn ich Sie bitte, diese Frage an Herrn Möllemann selbst zu richten.« Der SPIEGEL teilte im Heft 27/1984 mit: »Bislang hat Möllemann im Verfahren einer einstweiligen Verfügung, wo er ausschließlich mit seinen eigenen eidesstattlichen Versicherungen arbeiten konnte, leichtes Spiel gehabt. Kritisch wird es für ihn, wenn er in dem vom SPIEGEL angestrengten und daher unausweichlichen Verfahren zur Hauptsache Stellung nehmen muss. Dann werden nicht nur seine Zeugen gehört, sondern auch die des SPIEGEL.«

Doch, seltsam, aus dem »unausweichlichen« Verfahren zur Hauptsache, in dem wir mit unseren Zeugen und Belegen hätten auftrumpfen können, wurde nichts. Rudolf Augstein wollte nicht. Warum nicht, blieb unklar. Klar war: Freidemokrat Augstein verstand sich gut mit FDP-Außenminister Hans-Dietrich Genscher. Kein triftiger Grund, Möllemann zu schonen. Augstein aber redete von Prozessrisiken und sperrte sich gegen den großen Konflikt mit Staatsminister Möllemann, dem Stellvertreter und Protegé des Außenministers.

Augstein war der Herausgeber und Erste Chefredakteur des SPIEGEL, was sollte man machen? Weitermachen. Wir in Bonn wurden, immerhin, nicht von oben gebremst in unseren fortgesetzten Erkundungen über die Geschäfte des Staatsminister M. Enttäuscht waren auch unsere beiden bayerischen Gast- und Tippgeber, dass Möllemann im Amt blieb. Am Telefon trösteten wir sie, wir würden ihren Konkurrenten bei den Arabern im Visier halten. Dass wir auch längst hinter ihnen und ihren Waffengeschäften her waren, sagten wir nicht. Doch wir brachten nichts Handfestes heraus, vielleicht weil Möllemann den CSUler und seinen Anwalt nicht zum Zuge kommen ließ.

Es fügte sich, dass eine Mitarbeiterin des Kaufmanns Rolf Wegener mit Wohnsitzen in Düsseldorf und Monte Carlo den SPIEGEL-Artikel über den Staatsminister M. gelesen und sich vorher schon über die Umtriebe des Politikers aufgeregt hatte. Die junge Frau wusste, ihr Chef machte nicht nur in Immobilien, er steckte tief im Waffenhandel. Wieso ließ sich ein Staatsminister der Bundesregierung ein mit einem wie Wegener? Sie wandte sich mit ihren Zweifeln und manchen Aufzeichnungen an den SPIEGEL. Wir änderten ihren Namen in Christiane Schlüter und veröffentlichten einiges von dem, womit sie uns versorgt hatte. Ihre Aufzeichnungen hielten den Anfang vom Ende des Freidemokraten fest. Zu dem hatte die FDP-Bundestagsabgeordnete Hildegard Hamm-Brücher vor der Fraktion seherisch gesagt: »Sie, Herr Möllemann, Sie sind eine tragische Figur wie einst im Altertum«, sein Untergang unausweichlich.

Über Vorgänge im Büro Wegeners am Düsseldorfer Kaiser-Wilhelm-Ring schrieb Christiane Schlüter auf: »Ungefähr eine Woche nach dem Besuch von Bundeskanzler Kohl und Staatsminister Jürgen Möllemann in Saudi-Arabien rief Staatsminister Möllemann zum ersten Mal bei der Wohnkauf GmbH & Co. KG an und verlangte nach Herrn Wegener. Wegener war abwesend, und ich als seine Sekretärin nahm den Anruf von Möllemann persönlich entgegen und teilte Herrn Möllemann mit, wie ich es standardmäßig immer tat, daß Herr Wegener ihn zurückrufen werde, sobald ich ihn erreicht habe. Ich leitete den Anruf an Wegener weiter.«

Am nächsten Morgen habe Wegener telefonisch angeordnet, seine Haushälterin möge sofort zwei Koffer mit leichten Sachen packen, und die Sekretärin noch für denselben Tag einen Flug von Frankfurt nach Riad buchen. Eine andere Mitarbeiterin sei mit den Koffern nach Frankfurt geflogen und habe Wegeners Porsche nach Düsseldorf zurückgefahren. Erst nach über einer Woche sei Wegener wieder in sein Düsseldorfer Büro gekommen.

»Von da an meldete sich Möllemann laufend und verlangte Herrn Wegener«, berichtete Christiane Schlüter weiter. »Manchmal rief er täglich an, manchmal sogar zweimal am Tag.« Und: »Ich gehe davon aus, dass die beiden sich öfters getroffen haben. Nach Anrufen Möllemanns stand Wegener häufig auf und ging.«

In jenem Möllemann-Artikel legte Christiane Schlüter auch Einzelheiten über Kontakte Wegeners zu einflussreichen Saudis offen. Mit denen auch der Staatsminister zu tun hatte. Aufschlussreich die lange Liste der Anrufe zahlreicher Manager der deutschen Rüstungsindustrie im Büro Wegeners.

Erste Folge der Geschichte: In den einschlägigen Altstadtkneipen Düsseldorfs zeigten Szenetypen Fotografien der Informantin und der beiden SPIEGEL-Leute Wirtgen und Koch herum. Ob wir zusammen gesehen worden seien? Ob die Frau auf Droge gewesen sei? Ob beobachtet worden sei, dass die beiden SPIEGEL-Leute der Frau an der Bar oder auf der Toilette Kokain-Straßen hingeschüttet hätten, um sie gefügig zu machen? Bekannte unterrichteten Frau Schlüter über die Aktion. Wir in Bonn konnten uns keinen Reim auf die Umfrage in der Altstadt machen, wir waren nie mit der Informantin dort gewesen. Und weshalb fragten die nach Kokain? Hier konnte Frau Schlüter uns weiterhelfen. Ja, sie habe manchmal gekokst, gestand sie ein, das sei üblich gewesen in ihren Kreisen. In der Firma seien zu Weihnachten Tütchen mit Kokain unter den Mitarbeitern verschenkt worden. Wer immer als Auftraggeber hinter den Kneipenkundschaftern stecke, der hätte wohl angenommen, sie wäre nur mit Koks zum Reden zu bringen. Christiane Schlüter hatte Angst. Sie traute sich nicht mehr nach Hause. Wir brachten sie in einem Hotel unter und halfen ihr, eine andere Wohnung zu finden.

Möllemann machte Karriere, Partner Wegener Geschäfte. Der Genscher-Günstling stieg unter Kanzler Helmut Kohl auf zum Bildungsminister, dann zum Wirtschaftsminister, gar zum Vizekanzler nach Genschers Rücktritt vom Außenamt.

18. Januar 1991 – Möllemann wird als Wirtschaftsminister vereidigt.

14. Februar 1991 – der neue Wirtschaftsminister empfiehlt Zustimmung zum Export von 36 Fuchs-Panzern der Firma Thyssen, zehn ABC-Spürpanzern, 14 Mannschaftstransportpanzern, acht Ambulanzpanzern, vier Kommandopanzern – nach Saudi-Arabien.

27. Februar 1991 – Außenminister Genscher stimmt im Bundesssicherheitsrat der Ausfuhr der Panzer in das Spannungsgebiet zu. Vermittler des Geschäfts – Rolf Wegener. Preis der Lieferung – 446,4 Millionen D-Mark. 220 Millionen D-Mark davon, nach Überzeugung der deutschen Strafverfolgungsbehörden, Schmiergelder. 8,93 Millionen D-Mark davon kassierte Wegeners panamaische Briefkastenfirma »Great Aziz«. Auch Möllemann schwamm in Geld: Villa auf Gran Canaria, Millionenbeträge in Luxemburg.

1993 dann der Verlust des Ministeramtes, weil er auf offiziellem Briefpapier des Wirtschaftsministeriums einen Plastikchip für Einkaufswagen empfohlen hatte, den ein angeheirateter Vetter anbot. Es ging bergab. Fraktionsausschluss, Parteiaustritt.

Am 16. Juni 2003 berichtete der SPIEGEL: »Der einstige FDP-Star Jürgen W. Möllemann sprang in einer nahezu ausweglosen Situation in den Tod. Staatsanwälte und Steuerfahnder hatten so viel über seine zweifelhaften Geschäftsmethoden herausgefunden, dass er mit harten Strafen rechnen musste.«

Am 5. Juni 2003, eine halbe Stunde nachdem der Bundestag Möllemanns Immunität, den Schutz vor Strafverfolgung, wegen des Verdachts massiver Steuerhinterziehung und des Verstoßes gegen das Parteiengesetz aufgehoben hatte, stieg der erfahrene Fallschirmspringer in einer rotweißen Propellermaschine vom Flugfeld Marl-Loemühle in NRW auf etwa 4 000 Meter Höhe auf, löste nach der Freifallphase in 1 600 Meter Höhe seinen Hauptschirm aus, trennte auf etwa 600 Meter Höhe den Hauptschirm ab, löste den

Reserveschirm nicht mehr aus. Bis drei Sekunden vor dem Aufschlag hätte er sich noch retten können. Den Öffnungsautomaten für den Reserveschirm hatte er abgeschaltet.

Bonner Redaktionskonferenz am folgenden Morgen: Vielleicht würde Möllemann noch leben. Wenn der SPIEGEL den Prozess zur Hauptsache geführt hätte nach unserem ersten Artikel über das Vermischen von Amt und Geschäft und der folgenden einstweiligen Verfügung. Der Staatsminister hätte den Prozess und sein Amt wohl verloren und wäre draußen gewesen aus der für ihn tödlichen Politik.

18

Joggen bei Pinochet

Alle zehn Schritte musste ich keuchend anhalten, nach Luft ringen. Wir waren über 4000 Meter hoch. Weit vor mir lief leichtfüßig wie ein Gamsbock Heiner Geißler die graue Geröllhalde hinauf. Ich, in Halbschuhen und hellem Regenmantel, schrie ihm hinterher. Was soll ich machen, wenn ich im Geröll ins Rutschen komme? Nur ein Stück unter mir ging es fünfhundert Meter senkrecht hinab.

Der CDU-Generalsekretär, in Anorak und Bergstiefeln, blieb kurz stehen, rief, die Hände als Trichter um den Mund gelegt, zurück: Ich soll mir zwei längliche Steine suchen und die in den Schotter rammen. Würden mich bremsen, wenn ich rutsche. Hätte ich bloß nicht auf Geißler gehört, als der mich zum Mitkommen aufgefordert hatte, ganz großartig wär's dort oben. Geißler kraxelte geschwind weiter bergan. Bald verlor ich ihn zwischen dunklen zerklüfteten Steintürmen und grell beschienenen Felsnadeln aus den Augen. Ich stieg vorsichtig weiter, zwei Steinkeile in den Händen. Es war heiß, ich hatte großen Durst. Geißler war durchtrainiert durch täglichen Langlauf im Siebengebirge bei Bonn. Ich war es nicht. Außerdem war ich Raucher.

Klaus Wirtgen war klüger gewesen und hatte die Einladung zum Mitkommen ausgeschlagen: zu heiß. Nun saß er bei geöffneten Türen bequem im Schatten unserer Geländewagen neben der schmalen Staubstraße. Zum Begrüßen des gescheiterten Gipfelstürmers tippte er mehrfach mit dem Zeigefinger an die Stirn, nahm einen tiefen Schluck aus seiner Bierdose und hielt mir dann auch ein Heineken aus der Kühlbox hin. Von hier aus sah der Bergriese mit seinen weiß schimmernden Gletschern auch ganz großartig aus.

Wir hatten an der Westseite des Aconcagua angehalten, mit 6962 Meter der höchste Berg des amerikanischen Doppelkontinents, nahe der Grenze zwischen Argentinien und Chile. Das Angehen in Richtung der »Todeszone« ab 5000 Meter Höhe war für den begeisterten Bergsteiger Geißler ein Muss: Im nächsten Jahr wollte er mit seinen beiden Söhnen den Vorstoß zum Gipfel wagen. (Was nicht geschah, wie er kürzlich bedauernd erzählte. Seine vielen Termine hätten die notwendige dreiwöchige Akklimatisation auf 5000 Meter Höhe nicht zugelassen, um in der dünnen Luft hinreichend viele rote Blutkörperchen für die Sauerstoffaufnahme zu entwickeln.) Eingestimmt auf den Giganten der Anden hatten wir uns nahe der 2700 Meter hoch gelegenen natürlichen Felsenbrücke über den Rio Mendoza, der »Puente del Inca«. Auf einem Bergsteiger-Friedhof. Die Mehrzahl der Kreuze trug Namen von Deutschen, Opfer des Aconcagua. Der Abstecher zum Aconcagua war kein großer Umweg zugunsten der Kletterleidenschaft des Christdemokraten. Der Berg lag an unserem Schleichweg nach Chile ins Reich des brutalen Diktators Augusto Pinochet.

Geißler hatte uns zwei SPIEGEL-Korrespondenten als Beobachter zu der geheimen Mission eingeladen. Wir waren im Sommer 1986 nach Argentinien geflogen, dort in zwei geliehene Geländewagen umgestiegen. Der CDU-Generalsekretär hatte vertrauliche Treffs mit Oppositionellen aus Gewerkschaften und katholischen Kirchenkreisen verabredet. Er wollte über den Kirchensender »Radio Cooperativa« Folter und Willkür des Regimes anprangern, auf einer Massenkundgebung der chilenischen Christdemoratischen Partei über die Zehntausende Opfer des Militärregimes reden, im Gefängnis »Los Capuchinos« in Santiago eingekerkerte Politiker besuchen.

Drahtzieher der Operation war Rüdiger May, Hauptabteilungsleiter Organisation in der CDU-Parteizentrale Konrad-Adenauer-Haus. Auf dem Flug von Miami nach Buenos Aires hatte May, ein Kenner Lateinamerikas, dem des Spanischen unkundigen Generalsekretär Text und Aussprache der von ihm auf Spanisch verfassten Radioansprache eingebimst. Kurz nach dem Überqueren der Grenze über den Paso de Libertadores hatten wir einen roten und einen gelben Datsun Pickup im Rückspiegel, auf den Ladeflächen Männer in Jeans und Lederjacken mit Maschinenpistolen. Offenkundig war unsere Mission, noch ehe sie begonnen hatte, nicht mehr geheim. Die Beschatter, wir zählten 22 Agenten, blieben uns während des gesamten Aufenthalts auf der Spur, rund um die Uhr, mit einer Ausnahme.

Das Regime war allem Anschein nach über Geißlers geplante Provokationen im Bilde. Es verbot der Partido Democrata Cristiano, den linksorientierten Christdemokraten, die

Massenkundgebung, auf der Geißler sprechen sollte. Verschlossen blieben dem Deutschen auch die Tore des Gefängnisses »Los Capuchinos«, in dem er mit 15 seit dem Generalstreik von Anfang Juni inhaftierten Politikern reden wollte. Geißler redete dann eben vor der Pforte im Gefängnisvorhof in die TV-Kameras: Um das chilenische Volk weiter unterdrücken zu können, habe Pinochet »Interesse an Krawallen und Bomben«.

Im »Hospital del Trabajador«, einem großen Medizinzentrum, traf der durch Santiago eilende Provokateur auf die Großmutter der Carmen Gloria Quintana. Die 18-Jährige rang mit dem Tode. Sie hatte Verbrennungen zweiten und dritten Grades auf 62 Prozent ihrer Haut erlitten. Eine Militärpatrouille hatte die junge Frau überrascht. Gemeinsam

CDU-Generalsekretär Heiner Geißler spricht in Santiago mit der Großmutter der Chilenin Carmen Gloria Quintana, die von Soldaten des Pinochet-Regimes mit Benzin überschüttet und angezündet worden war

mit anderen Aktivisten, darunter der 19-Jährige Fotograf Rodrigo Rojas DeNegri, hatte sie am 2. Juli 1986, einem landesweiten Protesttag gegen die Militärdiktatur, nahe dem Hauptbahnhof Santiagos eine Barrikade aus fünf Autoreifen aufgebaut, die mit Benzin aus einem mitgebrachten Kanister in Brand gesetzt werden sollten. Die Soldaten schlugen Carmen Gloria Quintana und den Fotografen mit Gewehrkolben nieder. Die anderen Barrikadenbauer entkamen.

Die Militärs schütteten Benzin aus dem Kanister über die Kleidung der beiden und zündeten sie an, berichtete später die 18-Jährige. Die schwer verletzten bewusstlosen Opfer wurden in Decken gewickelt und in einen Entwässerungskanal neben einer abgelegenen Straße außerhalb Santiagos geworfen, um sie dort sterben zu lassen. Landarbeiter fanden sie, alarmierten die Polizei. Die beiden wurden ins Hospital geschafft. Der Fotograf erlag nach vier Tagen seinen Verletzungen. Carmen Gloria Quintana überlebte dank des Könnens eines amerikanischen Dermatologen. Sie wurde zur Symbolfigur für die Hoffnung auf Demokratie in Chile. Papst Johannes Paul II. schloss sie 1987 bei seinem Besuch in Santiago in seine Arme und sprach der von Narben entstellten Frau Mut zu.

Geißler hatte sie wegen ihres noch kritischen Zustands nicht besuchen dürfen, das Risiko einer Infektion war zu groß. Er drückte der Großmutter im Empfangsbereich des Hospitals einen Scheck der CDU über 5 000 D-Mark für die Krankenhauskosten in die Hand.

Auf der nächtlichen Fahrt über die Küstenkordilliere nach Valparaiso, wo der Deutsche in einem versteckt gelegenen

Pfarrsaal vor rund hundert Chilenen seine Radioansprache halten wollte, wären wir um ein Haar schwer verunglückt. Die chilenischen Christdemokraten hatten einen Kleinbus gestellt, der uns zu dem Pfarrsaal bringen sollte. Weit hinter uns die Verfolger. Es regnete stark. Der Fahrer, ein Indio, konnte kaum etwas durch die von innen dicht beschlagene Scheibe sehen, stopfte sich Kokablätter in die Backe, machte auch keine Anstalten, die Scheibe klar zu wischen. Ich saß vorne neben ihm, starrte in Dunkelheit und Regen, entdeckte ein großes schwarzes Etwas, auf das unser Bus zu fuhr. Ich rief den Fahrer an, der reagierte nicht, ich griff ins Steuer, wir schleuderten knapp an einem auf der Straße unbeleuchtet abgestellten Frachtcontainer vorbei. Der Fahrer brachte den Wagen unter Kontrolle. Dann bekreuzigte er sich.

In Santiago stand wieder der Pickup mit den Geheimpolizisten vor unserem Hotel. Es nervte, unablässig verfolgt zu werden. Ab 22 Uhr galt eine Ausgangssperre. Es ging auf Mitternacht, Geißler lief (selbstverständlich nahm er nicht den Aufzug) die Treppe hoch zu seinem Zimmer. Wirtgen und ich tranken noch einen Absacker an der Hotelbar. Wir kamen mit dem Barkeeper ins Gespräch, begeisterten ihn für unsere Schnapsidee: Wir machen die Bullen besoffen. Whisky-Lage nach Whisky-Lage brachte er hinaus auf die Straße. Die Bewacher kippten Glas um Glas, prosteten auf die Deutschen. Zwei Flaschen waren geleert, als der Barkeeper mit der Nachricht zurückkam: Muy bien, alle tief eingeschlafen.

Wir haben sogleich, es war gegen 3.45 Uhr, Geißler wachgeklopft. Wir haben unsere Laufsachen angezogen und sind dann zu dritt an den schlafenden Gunmen vorbei zu einem unserer Jeeps geschlichen und davongefahren. Es war ein Glücksgefühl, nicht verfolgt zu werden. Den Wagen haben wir am Fuß des Hausbergs von Santiago abgestellt und sind unter Sternen die Serpentinen zum Gipfel des Cerro San Cristobal hochgejoggt. Oben haben wir guter Dinge unter den ausgebreiteten Armen der von innen beleuchteten großen Statue der Jungfrau Maria auf den Sonnenaufgang gewartet. Der Smogglocke über der Stadt und unseren Schatten waren wir entkommen.

Beim Joggen zurück ins Zentrum sahen wir auch auf das Oval des Nationalstadions hinab. Dort hatte 1973 der von der CIA unterstützte Pinochet nach Sturz und Ermordung des demokratisch gewählten sozialistischen Präsidenten Salvador Allende ein Konzentrationslager einrichten lassen, über Monate bis zu 40 000 Allende-Anhänger eingesperrt. Viele wurden gefoltert, viele starben.

Mit so einem hat der Strauß sympathisiert, stieß Geißler zwischen drei Schritten hervor, das sei »eine Schande für die CDU/CSU«. Aber, Pinochet, der sei die Vergangenheit, nicht die Zukunft. Es hat dann auch nicht mehr allzu lange gedauert, bis die Demokratie Schritt für Schritt zurückkehrte nach Chile: 1988 Volksentscheid gegen Pinochet, 1990 freie Präsidentschaftswahlen.

19
Die Neidtabelle

Die Maschine hatte beim Landeanflug bedrohlich gewackelt, hart aufgesetzt; Nachwehen des Sylvester-Orkans über Irlands Südwestküste. Mein Kumpel Thomas und ich, beide große Freunde der Iren und ihrer Welt, wollten es wie in jedem Winter auf der Grünen Insel treiben: Den Jahresertrag unseres allwöchentlichen Darts-Spiels daheim in Deutschland – der Verlierer musste nach jedem Match fünf Mark in die Gemeinschaftskasse zahlen – bei Guinness, selbst gejagten Fasanenbraten und noch mehr Guinness auf den Kopf hauen.

Auf unserer Farm an der Irischen See wohnte Andreas mit einer Freundin. Wir hatten vor vier Tagen telefoniert und verabredet, dass er uns am 2. Januar 1999 am Flughafen Cork abholt. Gegen Mittag traten wir wohlgemut aus der Ankunftshalle. Kein Andreas da, kein Auto da. Wir warteten eine Weile, riefen auf der Farm an, nichts. Seltsam. Schließlich erreichten wir Rory. Wir baten den irischen Freund, der auf der anderen Seite der Bucht wohnt, nachzusehen, was los sei.

Als wir eine halbe Stunde später erneut bei ihm anklingelten, klang Rory besorgt. Hier stimme etwas nicht. Unser roter VW-Kombi parke im Hof, der Zündschlüssel stecke, die Haustüre stehe offen, in Küche und Wohnraum brenne Licht, auf dem Tisch zwei halbleer gegessene Teller, vor dem Feuer eine leere Whiskey-Flasche der Marke PADDY. Das Wohnzimmer sei nicht aufgeräumt, trotz der Unordnung gebe es aber keine Hinweise auf eine Gewalttat. Von Andreas und seiner aktuellen Freundin namens Diana keine Spur.

Er sei, sagte Rory, auch zu den Klippen vor gelaufen, vielleicht hätte Andreas ja beim Wurfangeln die Zeit vergessen, habe laut gerufen. Keine Antwort. Bei der Polizei habe er nachgefragt, ob Andreas vielleicht in einen Verkehrsunfall verwickelt worden sei – Fehlanzeige. Rory bot an, uns abzuholen; wir nahmen lieber ein Taxi, er solle vor Ort bleiben. Gleich nach unserer Ankunft riefen wir bei der Polizei in Skibbereen an und meldeten die beiden als vermisst. Gegen Abend kamen zwei Beamte in ihren blauen Garda-Uniformen heraus zur Farm. Gerne ließen sie sich auf einen Schluck einladen. Wir sollten uns bloß nicht aufregen, wahrscheinlich kämen die zwei bald die Straße herab spaziert. Kein Gedanke an forensische Spurensicherung.

Die beiden kamen nicht die Straße hinunter. Auch am nächsten Morgen nicht. Wir haben die Polizei gebeten, den Fall sehr ernst zu nehmen. Es könne sich um ein Verbrechen handeln. Denn man hatte Andreas vor drei Monaten aus besonderem Anlass gebeten, auf der Farm Quartier zu nehmen. Der 32-Jährige sollte Haus und Hof vor Racheakten schützen. Die es bereits gegeben hatte.

Eine Nachbarin hatte uns in Deutschland alarmiert. In dem kleinen Gästehaus, dem mit dem Grasdach, das man von der Straße nicht einsehen könne, seien Scheiben der Sprossenfenster eingeschlagen worden. Das habe sie aus Zufall beim Spaziergang über die Weiden entdeckt. Soweit sie von außen sehen könne, lägen die Tonkrüge und die Vogelskulptur von der Fensterbank zerbrochen auf dem Steinboden, die sonstige Einrichtung scheine unberührt. Man müsse rasch dafür sorgen, dass Regen und Wind keinen Schaden im Haus anrichten. Wir verabredeten Stillschweigen. Bei uns da draußen an der See, in der Einsamkeit, ruft man nicht rasch nach der Polizei. Man versucht, die Dinge unter sich zu regeln. Ein befreundeter Fischer setzte neue Scheiben ein.

Im SPIEGEL hatten wir, mit einem Augenzwinkern, Mitte September 1998 bewundernd über die Cleverness der irischen Farmer geschrieben. Sie würden sich noch besser als die deutschen Bauern auf die Kunstfertigkeit verstehen, in Brüssel Subventionen in Hülle und Fülle abzumelken. Die Iren fanden das gar nicht komisch. Der Artikel machte gewaltig Ärger. Dublins Agrarminister Joe Walsh protestierte scharf, die irische Botschaft in Berlin bemängelte mangelnde Ausgewogenheit. Grund des Aufruhrs: Es wurden wegen der anstehenden EU-Erweiterung massive Einbußen bei den Subventionen für die Iren befürchtet. Nur – facts and figures der Geschichte, Angaben und Zahlen, sie stimmten alle.

Der Artikel hatte von einer internen sogenannten Neidtabelle des deutschen Landwirtschaftsministeriums berichtet, in der die Unterschiede bei Prämien für die Produktion von Rindfleisch aufgelistet waren. Danach griff der irische Farmer satte 1,78 Mark, der deutsche Landwirt ganze 45 Pfennig pro Kilogramm ab. Die Insel lag 1997 mit rund 2,3 Milliarden Mark Subventionen allein für Rindfleisch deutlich vor Deutschland mit 1,9 Milliarden Mark. Deutlich auch das Missverhältnis beim gesamten EU-Landwirtschaftshaushalt: Die Deutschen überwiesen knapp 22 Milliarden Mark nach Brüssel und erhielten 11,5 Milliarden zurück, ein Minus von über 10 Milliarden; die Iren zahlten 743 Millionen ein und bekamen knapp 3,3 Milliarden, ein sattes Plus von über 2,5 Milliarden.

Zum eisern verteidigten Besitzstand der Iren gehörte in jener Zeit das Mutterkuh-Programm. Jedes Paar Kuh/Kalb warf pro Jahr 350 Mark Mutterkuh-Prämie ab, stand im SPIEGEL, plus 210 Mark Rindfleischprämie in benachteiligten Gebieten plus 225 Mark Sonderrindfleischprämie für kastrierte männliche Kälber plus 83 Mark für Kälber in benachteiligten Gebieten plus 75 Mark Extensivierungsprämie fürs Kalb plus 75 Mark Extensivierungsprämie für die Kuh. Zusammen 1 018 Mark.

Eine bessere Verzinsung gab es bei keiner Bank, die Mutterkuh kostete auf dem Viehmarkt kaum mehr als 2 000 Mark. Brüssel zahlte auch für nicht existierende Kühe. Dem extensiv wirtschaftenden Bauern wurden 33 Mark je Kuh überwiesen, die er bis zu seinem Limit auf den Weiden hätte halten dürfen, aber nicht gehalten hat. In der Geschichte kam ein örtlicher irischer Farmer zu Wort, der sich beklagte, früher habe man sein Geld mit dem Produzieren von Nahrungsmitteln gemacht, »heute verdienen wir es mit dem Ausfüllen von Subventionsformularen«. Ein anderer staunte, mit welch lockerer Hand Brüssel ihm das Geld nachwerfe:

»Jesus, der Zaster strömt einem in die Tasche, und man braucht nichts dafür zu tun.«

Der Artikel wies auch darauf hin, dass EU-Subventionsbetrug seinerzeit im nationalen Recht Irlands noch nicht bekannt war. Ein Agrarkontrolleur hatte berichtet, man sei zu spät wie meistens hinter das Geheimnis einer 500-köpfigen Schafherde gekommen. Diese Herde sei bei Inspektionen auf drei verschiedenen Bauernhöfen immer aufs Neue zum Nachweis der Subventionsberechtigung vorbeigetrieben worden. Seither zwackt der Kontrolleur den inspizierten Tieren mit einer kleinen Zange ein Stückchen Ohr ab, jedes Jahr an einer anderen Stelle.

Die irische Farmerlobby fuhr schweres Geschütz auf. Und das Feuer wurde noch heftiger, als die Funktionäre herausfanden, dass der Autor eine Farm in Irland besaß, bewirtschaftet von einem irischen Freund, also Innenansichten des Subventionsparadieses gut kannte. Beim Aufhetzen tat sich die Tageszeitung »Cork Examiner«, heute »Irish Examiner«, hervor. Das Blatt stachelte seine Leser auf. Der deutsche Autor des Artikels wurde als »absentee landlord« beschimpft. Die einstigen britischen Kolonialherren hatten Irland als »ständig abwesende Landbesitzer« brutal ausgebeutet. Sie vergnügten sich auf ihren Landsitzen und in ihren Stadtpalästen in Großbritannien und saugten von ferne satte Profite aus ihren riesigen irischen Ländereien, ohne sich einen Deut um die notleidende Bevölkerung zu scheren, auch nicht in Zeiten schlimmster Hungersnot im 19. Jahrhundert mit Millionen Toten. (Unsere Weiden werden zum Nulltarif von einem irischen Nachbarn und Freund bewirtschaftet.)

Es kam noch infamer: Der »Cork Examiner« warf dem SPIEGEL-Mann vor, er hätte, alter Nazi-Ideologie folgend, sich »Lebensraum im Westen« besorgt und würde als arroganter Herrenmensch auf die Iren herabsehen. Es folgte der Aufruf zur feindseligen Aktion: »He will not be getting a Westcork welcome – the opposite.« Er würde in Westcork kein Willkommen erhalten, sondern das Gegenteil.

»The Irish Times« hielt sich zurück, schrieb aber auch den irischen Agrarlobbyisten nach dem Mund. Der »Irish Independent« hatte besser ins Inselvolk hineingehört. Die Zeitung riet den auch im eigenen Land keineswegs nur beliebten Farmern, sich selbstkritisch mit den vom SPIEGEL gelieferten Tatsachen auseinanderzusetzen. Ähnlich argumentierten irische Fernseh- und Radiosender: Das Beispiel der Friseuse, die auch hart arbeitet und ohne Zuschüsse auskommen muss, zog bei jenem – größeren – Teil der Iren, die keine Geldgeschenke aus Brüssel erhalten.

Unter solchen Vorzeichen begann die Suche nach Andreas und Diana. Dennoch: Hilfsbereitschaft und Einsatzwille der Iren waren sehr groß. Freund Rory hatte seine Cliff Rescue Truppen alarmiert. Zwei Dutzend Freiwillige des Klippenrettungsdienstes kletterten in den immer noch sturmumbrausten, bis zu 25 Meter senkrecht in die kochende Brandung abstürzenden Klippen umher. Noch einmal so viele der Farmer samt Söhnen aus der Nachbarschaft beteiligten sich an der gefährlichen Suche.

Eine Hundestaffel der Polizei war herbeigeholt worden; man hatte die Tiere an Kleidungsstücken der beiden Vermissten riechen lassen, die Hunde zogen auf einem schmalen Pfad westlich zur Steilküste hin, gerieten am Klippenrand in Aufregung. Am dritten Tag, als der Wind etwas nachgelassen hatte, suchte ein schwerer Sikorsky-Hubschrauber der Seenotrettung Klippen und Küstensaum ab. Der Helikopter ließ eine Wärmesonde herab, in der Hoffnung, die zwei hätten sich nach einem Sturz in die See in eine der vielen Höhlen in den Küstenfelsen gerettet.

Es gab eine positive Anzeige der Sonde. In einer der Höhlen neben der kleinen Cosheeen-Bucht. Der Hubschrauber ging tiefer, ein Rettungstrupp seilte sich ab. Es waren eine Robbenmutter und ihr Baby, die von der Sonde in der Höhle geortet worden waren. Wir gaben nicht auf. Eine Woche lang suchten wir im oft heftigen Regen, schließlich nur noch nach den Leichen, die bei Sturm, wie wir von den Winterunglücken der Fischerboote wussten, oft nackt, ohne die von den Brechern abgerissene Kleidung in eine der vielen Buchten hineingespült werden.

Wir fanden unten an einem kleinen Steinstrand einzig einen schwarzgrauen Gummistiefel, am Schaftabschluss rot umrandet, der von Andreas hätte getragen worden sein können. Sicher war das nicht. Zwar fehlten gleiche Gummistiefel auf der Farm. Aber es konnte auch nur gewöhnliches Strandgut sein, wie es häufig bei Sturm angespült wird. Der Stiefel war in England hergestellt, gehört zur Routineausstattung finanziell nicht bestens gestellter Segler. Und wenn Andreas, um ein Unglück aus welchen Gründen auch immer vorzutäuschen, den Stiefel in die See geworfen hätte?

Wir entdeckten, bäuchlings an der Klippenkante liegend, mit unseren Feldstechern für einen Augenblick in einem tiefen Felseneinschnitt einen hellgrünen Anorak im Wasser, der sogleich von der nächsten Welle fortgerissen wurde. Der Anorak hätte Diana gehören können. Sonst keine Spur.

Eigenartig waren unsere Funde im Gepäck der beiden. In Dianas Rucksack steckte ihr Pass und zwischen der Wäsche eine ordentliche Handvoll Haschisch. Im Rucksack von Andreas fehlte der Pass, aber es fand sich ein für einen 32-Jährigen ungewöhnliches Dokument. In einem Testament hatte er bis in die Einzelheiten verfügt, was von seinen irdischen Hinterlassenschaften in Hände welcher Freunde gehen sollte. Er hatte am Telefon vor einigen Wochen zwar von einem neuerlichen Drohanruf berichtet, eine Altmännerstimme hätte lallend hervorgestoßen, man werde ihm eine »petrol bomb«, einen Molotowcocktail, ins Fenster schmeißen. Aber dass er um sein Leben fürchte, davon hatte Andreas, ein kräftiger, hoch gewachsener Bursche, kein Wort gesagt, von einem Testament erst recht nicht.

Andreas hatte sich aus einer kleinen Erbschaft ein Cottage an der irischen Westküste gekauft, wegen des schadhaften Daches noch unbewohnbar. Deshalb war er umso lieber auf die Bitte eingegangen, den Winter über, dazu gegen ein kleines Entgelt, warm und trocken auf unserer Farm zu verbringen und durch seine bloße Anwesenheit irgendwelche Trunkenbolde davon abzuschrecken, im Schutze der langen dunklen Winternächte Unheil anzurichten. Ein Polizist teilte mir vertraulich mit, von der Bank wisse er: Andreas war kein reicher Mann.

Er liebte offenbar den Nervenkitzel. Ein Bauer hatte beobachtet, bei Sturm habe sich der Deutsche des Öfteren am

Klippenrand gefährlich weit nach vorn, über den Abgrund, gelehnt und nur vom Luftstrom halten lassen. Freunde von Andreas berichteten von dessen Angewohnheit, stets in der Neujahrsnacht im Freien zu schwimmen. Hat ein Riesenbrecher die auf mittlerer Höhe in den Uferfelsen befindlichen Pools ausgeräumt?

Die Polizei teilte mit, es sei von einem Unfall auszugehen. Die beiden Verschwundenen seien wohl in die See gerissen worden. In der Neujahrsnacht waren Windgeschwindigkeiten bis zu 150 Stundenkilometer gemessen worden. Die Wellen donnern dann bis auf die 20 Meter hohen Klippen hinauf. Wochen später erfuhr man, dass sich Andreas in England vor Gericht hätte verantworten müssen. Er war bei der Einreise mit einem Kilogramm Cannabis im Gepäck erwischt und unter Auflagen bis zum Prozess auf freien Fuß gesetzt worden. Ein Grund, sein Ableben vorzutäuschen und sich in einem fernen Land eine neue Identität zuzulegen?

Andreas und Diana wurden inzwischen in Deutschland offiziell für tot erklärt. Hamburger SPIEGEL-Kollegen empfahlen (»Die Iren, die sind irre«), der Insel den Rücken zu kehren. Das Gegenteil war richtig. Die Bauern und Fischer ringsum schätzen es, wenn man schwierige Zeiten durchsteht. Es herrschen also freundliche Verhältnisse wie zuvor.

20
Stoibers Geisel

Rolf und ich robben über die Kuhweide, schieben unsere Schrotflinten durch das nasse Gras. Gut dreißig Meter haben wir geschafft. Noch gut zwanzig Meter haben wir vor uns bis zur niedrigen Steinmauer am Uferrand. Anstrengend. Wir kriechen Umwege. Um nicht in die von Fliegen bedeckten dunklen Kuhfladen im Grün hineinzulangen. Es nieselt. Wir hören die Wildenten unten im Meer quaken. Einige fliegen auf, über uns hinweg. Wir erstarren, blicken nicht hoch. Jede Feder ein Auge, sagt das Sprichwort der Jäger. Wir rühren weder Hand noch Fuß, gut eine Minute lang.

Kennst du eigentlich den alten Zwick? flüstere ich zu Rolf hin.

Ja, ganz gut, flüstert er zurück.

Kannst du mit dem reden, dass er mit mir redet? Jetzt, wo sein Junge im Knast sitzt, müsste er eigentlich interessiert sein.

Ja, der Bub ist der Gefangene vom Stoiber, 'ne Riesenlumperei, was da läuft.

So hat, im Januar 1994, an der irischen Südwestküste bei Baltimore eine der Aktionen zur Befreiung des politischen

Gefangenen Johannes Zwick aus der Geiselhaft im Bayern des damaligen CSU-Ministerpräsidenten Edmund Stoiber ihren Anfang genommen. Andere, gute Anwälte voran, waren auch aktiv – schwer zu sagen, wer den größeren Anteil am gemeinsamen Erfolg hatte.

Die Enten kreisen, kehren zurück, rauschen platschend aufs Wasser nieder. Am Abend haben wir zwei Stockerpel in der Backröhre. Gefüllt mit Apfelstücken und Orangenscheiben, in Portwein getränkt. Dazu Guinness. Köstlich. Der Jagdkamerad war Rolf Baron von Hohenhau, Präsident des bayerischen Bundes der Steuerzahler, ein rauflustiger CSU-Mann, von Amts wegen in der Steuersache Zwick engagiert. Dass Franz Josef Strauß, der bayerische Ministerpräsident, seinem spendablen Spezi Eduard Zwick vor Jahren bei der Steuerflucht in die Schweiz geholfen habe, »eine Sauerei« sei das gewesen, sagte von Hohenhau. Aber noch mehr rege ihn auf, wie jetzt dieser Stoiber den Saubermann gebe. Kurzerhand und ohne stichhaltigen Grund habe der Zwicks Sohn Johannes wegsperren lassen. »Das ist eine Riesensauerei.«

Rolf von Hohenhau redete dann, wie erbeten, mit dem Vater Eduard Zwick, dem schwerreichen »Bäderkönig« aus dem niederbayerischen Bad Füssing. Der Arzt hatte sich gemeinsam mit seiner Frau, einer Ärztin, wegen deutscher Steuerschulden von angeblich 70 Millionen D-Mark nach Lugano abgesetzt, weil die Eidgenossen Steuerflüchtlinge nicht ausliefern. Von Hohenhau drängte den Senior, einen alten Strauß-Kumpan und erklärten SPIEGEL-Gegner, er möge sich im Interesse des eingesperrten Sohnes dem Koch vom SPIEGEL anvertrauen. Vater Zwick willigte schließlich ein, auch weil die Mutter ihm Druck machte. Angelika Zwick litt sehr darunter, was ihrem Johannes angetan wurde. Zwick junior hatte am 11. Januar 1994 seine Kinder zum Unterricht gefahren. Auf dem Parkplatz vor der Grundschule in Bad Füssing standen Fernsehteams bereit. Die konnten dann fürs bayerische Publikum vor den Landtagswahlen filmen, wie sauber der zuschlägt, der Stoiber. Die Polizei traf ein und verhaftete Dr. med. Johannes Zwick. Beschuldigt wurde er der Beihilfe zu Betrug und massiver Steuerhinterziehung des Vaters. Statt des Vaters in der sicheren Schweiz kam der Sohn in die Justizvollzugsanstalt Landshut in Untersuchungshaft.

Johannes Zwick berichtete später: »Anfangs dachte ich noch, ich bin bei der Versteckten Kamera. Selbst als ich in Landshut in Untersuchungshaft saß, glaubte ich noch an einen Irrtum.« »Büßen sollte ich sogar für Taten, bei denen ich gerade einmal neun Jahre alt war.« Gemeint sind steuerliche Abschreibungsanträge des Vaters aus dem Jahre 1964, die nicht anerkannt worden waren und nun auch dem Junior, geboren 1955, von der Staatsanwaltschaft angelastet wurden.

Im Haftbefehl der Stoiber-Häscher war die Festnahme detailliert mit dem dringenden Verdacht »der Beihilfe zur Steuerhinterziehung im Beitreibungsverfahren, Vergehen der Hinterziehung von Schenkungsteuer, der Körperschaftssteuerhinterziehung und Einkommensteuerhinterziehung von mehr als 100 Mio. DM« begründet worden. Nach mehreren Prüfterminen bei Gericht schmolzen die Vorwürfe auf »Beihilfe« zur Hinterziehung von 22 Millionen D-Mark zusammen. Gehasst hat er, sagte Johannes Zwick, seinen Vater nicht für das, was der ihm mit seiner Flucht vor dem Fiskus wegen der Steuerschulden eingebrockt hat. »Aber ich war wütend, sehr wütend. Auf ihn, auf den Staat, auf die Politik.« Der Vater tat auch etwas für den Sohn. Er packte aus, gegen Stoiber und die CSU.

Ursula, meine Frau, hatten die Zwicks zum Treffen mit eingeladen. Rolf von Hohenhau hatte ihnen von deren freundlichem, offenem Wesen vorgeschwärmt. Wenn es solch eine sympathische Person mit dem SPIEGEL-Mann aushalte, könne der so schlimm nicht sein. Stimmt. Es half, den beiden Alten die Scheu vor dem SPIEGEL zu nehmen. Gegen diese »Linkspostille« wollte Eduard Zwick 1980 noch einen Anzeigenboykott im Interesse seines vergötterten Freundes, des damaligen CDU/CSU-Kanzlerkandidaten Strauß, organisieren. (Was ihm nicht gelang.)

Das schwere Eisentor an der Via Orbisana 50 schwang auf, wir fuhren vorbei an Pinien und blühendem Obstgehölz zur hoch über dem Luganer See gelegenen zweigeschossigen Prachtvilla hinauf. Die Doctores Angelika und Eduard Zwick warteten draußen vor dem Eingang, begrüßten uns herzlich. Sie führten uns in der warmen Aprilsonne durch den gepflegten Blumengarten, vor der Terrasse zeigte Eduard Zwick voll Besitzerstolz seine überlebensgroßen Bronzeplastiken des auch von den NS-Rassefanatikern verehrten Bildhauers Josef Thorak.

Wir wurden an den runden Gartentisch gebeten zu Kaffee und Kirschsahnetorte. Dr. med. Eduard Zwick lud sich ungeachtet seines insulinabhängigen Diabetes zwei Stücke auf den Teller, die leisen Mahnungen seiner Frau schien er nicht zu hören. Es war inzwischen früher Nachmittag, ich begann zwischen den Kaffeetassen meine beiden Tonbandgeräte aufzubauen (zwei, falls eines versagen sollte). Das SPIEGEL-Gespräch, dessen Fragenkatalog ich

»Bäderkönig« Eduard Zwick (r.) mit SPIEGEL-Redakteur Dirk Koch vor einer Plastik des Bildhauers Josef Thorak im Steuer-Exil Lugano: »Saubermann Stoiber braucht einen Gefangenen Zwick in seinem Wahlkampf«

auf das Genaueste gemeinsam mit den Kollegen unserer Redaktion ausgearbeitet hatte, zog sich bis in den frühen Abend hin.

Es folgten während der nächsten drei Tage mehrere Informationsgespräche, mal in den üppigen Ledersesseln der großen, von einem gefältelten Stoffbaldachin überwölbten Wohnhalle mit ihren prunkvollen chinesischen Seidenteppichen, fernöstlichen Skulpturen, Schnitzereien und Palmentöpfen, mal in einer dunklen Trattoria in Lugano und dann wieder im Garten. Insgesamt zwanzig Stunden lang haben wir miteinander geredet. Vieles war frei zur Veröffentlichung. Manches Heikle nicht. Es ging um Schmiergeld und andere Schlüpfrigkeiten, aber nur für den Hinterkopf. So versprochen und bis heute gehalten.

Im gegengelesenen und zum Druck freigegebenen Text des SPIEGEL-Gesprächs rußte Eduard Zwick ab gegen Stoiber: »In welchem Rechtsstaat wäre es möglich, dass für die Haftverschonung meines Sohnes 60 Millionen Mark verlangt werden, obwohl nur 22 Millionen Mark Steuern streitig sind? Aber die Ablieferung von hundert Kilo Tausendmarkscheinen bei Gericht war vorbereitet. Mein Sohn wäre nicht geflohen. Dass Johannes dennoch nicht freikam, sehe ich als Sippenhaft an. Saubermann Stoiber braucht einen Gefangenen Zwick in seinem Wahlkampf.«

Angesprochen auf die Strauß-Tochter Monika Hohlmeier, Staatssekretärin im Kultusministerium des Kabinetts Stoiber und stellvertretende CSU-Parteivorsitzende, die nach dem Tode des Vaters jetzt auf Distanz zu dessen Freund Zwick gegangen war, warnte der Schweizer Steuerasylant: »Die junge

Dame sollte sich gut überlegen, was sie sagt. Sonst müsste ich Fragen stellen, die sie in Bedrängnis bringen könnten. Sie ist ja noch Staatssekretärin in der Münchener Regierung. Wie hoch ist denn tatsächlich das Kapitalvermögen der Erbengemeinschaft Strauß? Welche Größenordnungen befanden oder befinden sich im Ausland?«

Auch die Frage, »hatte Strauß Geld in der Schweiz untergebracht?«, beantwortete Zwick: »1979 bat mich Strauß, ihn bei der Genfer Privatbank Pictet einzuführen. Das habe ich getan. Einen Kontoauszug hat er mir nie gezeigt. Mit 5000 oder 10000 Franken können Sie da nicht hingehen. Ein paar kräftige Millionen sollte man schon dabeihaben.« Zu einem Vertrauten hätte er gesagt, Strauß habe seiner Kenntnis nach einen dreistelligen Millionenbetrag in der Schweiz gebunkert, stimme das? Zwick entgegnete: »So, hab ich das. Ich möchte mit all dem nichts mehr zu tun haben.« In einem der Nachgespräche hieß es zur Größenordnung, »vielleicht so dreihundert bis vierhundert Millionen«.

In der Ausgabe vom 4. April 1994 veröffentlichte der SPIEGEL die Titelgeschichte über Eduard Zwick samt ausführlichem SPIEGEL-Gespräch mit dem Steuerflüchtling von Lugano.

In der nächsten Ausgabe vom 11. April breitete der SPIEGEL weitere Erkenntnisse aus, Früchte weiterer – langer – in der Zwischenwoche geführter Unterredungen mit den Eheleuten Zwick: Etwa über das »Sonderkonto I« und das »Sonderkonto II« der CSU. Über diese Konten verfügte Parteichef Strauß nach Gutdünken, ohne jemandem Rechenschaft schuldig zu sein. Dem Rechtsstatus nach waren es Parteikonten und deshalb, was Strauß zu schätzen wusste, für die Steuerfahndung tabu.

Die Zwicks redeten auch über ihre Spende von 200 000 D-Mark an die CSU. Zwecks Steuerersparnis war die Spende als Ausgaben für fingierte Anzeigen im CSU-Blatt »Bayernkurier« abgerechnet worden. Als die Trickserei aufflog, mussten die Zwicks obendrein eine Geldbuße von 300 000 D-Mark blechen. Angelika Zwick: »Schön blöd waren wir.«

Zusammen mit Angelika Zwick und deren Tochter Luitgard, stand im SPIEGEL, hätte Strauß-Tochter Hohlmeier die Genfer Privatbank Pictet besucht, die FJS zu ihren Kunden zählte. Sie hätten, berichteten die Zwicks, nach dem Tode des CSU-Chefs die Tochter auf Konten des Vaters in der Schweiz und auch auf Tarnnamen hingewiesen. Die Erbin, sagte Angelika Zwick, hat mit Unmut reagiert, »wie jemand, dem es nicht recht war, dass es Mitwisser gab«.

Es wurde brenzlig für die CSU und ihren Ministerpräsidenten Stoiber im heraufziehenden Wahlkampf zur bayerischen Landtagswahl im September.

Und siehe da, bald war die Geisel frei. Am 12. Mai 1994, vier Wochen nach den Berichten im SPIEGEL, kam der Untersuchungshäftling Johannes Zwick raus aus dem Knast. Es hatte noch ein wenig gedauert, bis die Kaution von 45 Millionen D-Mark hinterlegt werden konnte.

Im Februar 1996 dann bezahlte Zwick mit 32,6 Millionen D-Mark die Steuerschulden des Vaters. Es war der Wunsch der Mutter, die keine Prozesse mehr führen mochte. Und sie wollte auch wieder unbehelligt nach Deutschland reisen können. Johannes Zwick erhielt das Geld aus dem Erbe des Vaters zurück, der 1998 in Bern gestorben war.

Im Mai 1996 hatte dennoch das Landgericht Landshut den Sohn zu einer Haftstrafe von 22 Monaten auf Bewährung und 1,63 Millionen D-Mark Strafe verurteilt. Johannes Zwick weigerte sich, die Strafe anzuerkennen, zahlte auch die 1,63 Millionen nicht. Sein Anwalt Günter Kohlmann trug den Fall zum Bundesgerichtshof. Der verwies das Urteil wegen Verjährung zurück an das Landgericht Hof, das es am 27. Juli 1999 insgesamt aufhob.

Die Geiselnahme und andere Extravaganzen konnte man dem Bayernregenten nicht durchgehen lassen. Dem »blonden Fallbeil«, wie Stoiber bei Feind wie Freund hieß, wollten wir im bayerischen Landtagswahljahr 1994 weiter einschenken, war doch klar. Wir kümmerten uns, und heraus kam das Manuskript einer exklusiven Geschichte, sorgfältig recherchiert.

Die ging so: Im Wahlkampf habe sich Stoiber in puncto Politik als einziger, annähernd ebenbürtiger Nachfolger des Franz Josef Strauß empfohlen. In puncto Moral und Unbestechlichkeit aber sei er dem großen Meister eindeutig überlegen. »Richtig ist: FJS verstand sich nicht so gut aufs Heucheln.«

Überall im Bayerland, das habe Stoiber geschafft, sei jetzt bekannt, dass er, der Saubermann ganz und gar kein Verständnis habe für das innige Verhältnis, das die Amigos Franz Josef Strauß und Eduard Zwick verbunden hätte. »Stoiber lässt zu, dass sein Finanzminister Georg v. Waldenfels den schwerreichen Strauß-Freund einen ›Steuerkriminellen‹

nennt. Mit einem wie Zwick, auch diese Botschaft ist angekommen, würde sich der anständige Stoiber niemals eingelassen haben. Das stimmt nicht.«

Auch Stoiber, hatten wir herausgefunden, hatte über Jahre hinweg engste politische wie private Freundschaft zu einem zwielichtigen Multimillionär namens Dieter Holzer aus Quierschied bei Saarbrücken gepflegt. Auch dieser Mann war, wie Straußens Freund Zwick, von Staatsanwaltschaft und Steuerbehörden verfolgt worden. Auch Stoibers Amigo hatte Deutschland den Rücken gekehrt und sein steuerliches Heil im Ausland gesucht. Nicht in der Schweiz, sondern in Monaco, einem anderen Steuerparadies.

Stoibers Mann, der Sohn eines Abdeckers, sagte: »Ich war mit Edmund Stoiber sehr eng befreundet.«

Holzer hatte es dank seiner Heirat mit Souade Salyoun, einer Cousine des früheren libanesischen Staatspräsidenten Bachir Gemayel, so schrieben wir, zur Würde eines Honorarkonsuls des Libanons gebracht. Dank bester Beziehungen zu Strauß war Holzer in der Münchener Staatskanzlei unter der Leitung des Staatssekretärs und späteren Staatsminister Stoiber ein und aus gegangen. Beim Plauschen in der Münchener Regierungszentrale, erzählte Holzer, war die Rede auch auf Urlaub und Côte d'Azur gekommen. Er bot Stoiber an, wenn er wolle, könne er in seiner Villa im schönen Golfe Juan Ferien machen.

»Und wie Stoiber wollte«, schrieben wir. »Sofort, schon für den Sommer '82 nahm er das Angebot seines neuen Amigos an. Und nutzte dann die günstigen Gelegenheiten zum Leben in Luxus unter Pinien immer wieder. Sechs Mal, zwischen 1982 und 1988, nistete sich Stoiber mit Ehefrau, den drei Kindern, zuweilen auch noch begleitet von der Stoiber-Schwester Hannelore und deren Ehemann, in dem Holzer-Anwesen ein. Der Millionärsfreund bot ja alles, wovon selbst ein Spitzenbeamter sonst nur träumen kann: eine geräumige Villa am Hang mit Blick über das Mittelmeer, Whirlpool, Sauna, Swimmingpool, Hausmeister, Motorboot, Wasserski.«

Regelmäßig, so im Februar, erinnerte sich Holzer, »hat Stoiber mich angerufen: Darf ich wieder kommen«. Er hat um Reservierung von drei Wochen im August gebeten. Möglichst zeitgleich mit den Ferienterminen des vergötterten Chefs FJS, der nicht weit entfernt in Les Issambres in seinem Ferienhaus urlaubte.

Holzer behauptete, Stoiber hätte ihm stets für die Urlaubswochen Geld aufgedrängt. Belege dafür hätte er nicht. Andere Holzer-Gäste, etwa der Parlamentarische Staatssekretär im Bundeslandwirtschaftsministerium, Wolfgang Gröbl, oder der SPD-Innenminister des Saarlands, Friedel Läpple, berichteten übereinstimmend, Holzer habe darauf bestanden, kein Geld für seine Freundschaftsdienste zu nehmen. Vom SPIEGEL befragt, in welcher Höhe für die Aufenthalte im Hause Holzer gezahlt worden wäre, antwortete die Münchener Staatskanzlei ausweichend: »Dr. Stoiber kommt auch im Urlaub für sich und den Unterhalt seiner Familie auf.«

Vor den Fahrten an die Côte, mehrfach im dicken Mercedes, bei einem Münchener Autohändler geschnorrt, hatte der sparsame Chef der Staatskanzlei auf die Größe des Kofferraums geachtet. Statt in französischen Restaurants zu schwelgen, setzte Stoiber lieber auf Selbstversorgung. Nicht mit mediterranen Köstlichkeiten der südfranzösischen Märkte, sondern lieber mit Proviant aus der Heimat. Die Stoibers füllten den Kofferraum mit Dutzenden Konservendosen, Ravioli, Gulasch, Gemüseeintopf – für Holzers Ehefrau Souade ein Graus.

Stoiber hatte öffentlich, hieß es im Text, seine Unentbehrlichkeit hervorgekehrt: »Franz Josef Strauß legte Wert darauf, dass ich als Mitarbeiter soweit als möglich auch im Urlaub verfügbar war. Wer Franz Josef Strauß kannte, kann sich gut vorstellen, dass das keine reinen Vergnügungsurlaube waren.«

Strauß-Sohn Max erinnerte sich anders: Der Vater hätte sich im Urlaub höchst ungern von seinem beflissenen Amtsleiter stören lassen. Nur wenn ein Treffen mit dem eifersüchtig um Gunst und Nähe buhlenden Stoiber unvermeidlich gewesen wäre, so Strauß jr., wäre der Amtschef beim Vater vorgelassen worden. Ansonsten hätten »die dienstlichen Obliegenheiten« des Stoiber am Swimmingpool bei Champagner stattgefunden oder beim Motorbootfahren mit Wasserski.

Doch diese Geschichte über Stoiber erschien nicht im SPIEGEL. Warum ein Artikel erschien und warum nicht, war in jenen Zeiten der Wirren – ein Chefredakteurswechsel stand ins Haus – nicht immer nachvollziehbar. Der spätere SPIEGEL-Chefredakteur Stefan Aust sagte nach Lektüre des Manuskriptes, das verstehe er nicht, warum das nicht gedruckt worden sei.

Der alte Stoiber-Freund Holzer wurde dann wegen diverser Schmiergeldaffären beim Verkauf der Leuna-Werke und im Dunstkreis des Waffenhändlers Karlheinz Schreiber zu Haftstrafen verurteilt. 2003 vom Strafgericht Paris zu 15 Monaten, 2008 vom Landgericht Augsburg zu neun Monaten auf Bewährung, 2013 wiederum in Augsburg zu zwei Jahren und drei Monaten.

Im Fall des Zwick jr. hatte es auch so für eine günstige Wende gereicht. Steuerzahler-Präsident Rolf von Hohenhau freute sich auch noch Jahre später: »Das war prima, wie wir den Johannes rausgehauen haben. Der hätte sonst wesentlich länger gesessen.«

Der Johannes, der Rolf und der Autor sind dann gemeinsam zur Jagd gewesen, im Ostallgäu, diesmal auf Rehbock. Johannes hatte wieder Glück, diesmal bei der Jagd. Seine Steaks aus der Keule abends auf dem Grill vor Rolfs Jagdhütte – der schiere Genuss.

21
Klassenkampf!!

Der schwarze Block der Kollegen hat sich im Flugzeuggang zusammengerottet, hinten, vor der Kombüse und den Toiletten. Der Autor mittendrin, er hat sich bei den Stewards noch einen Weißwein erbeten, Schlafen ist bei der stickigen Enge nicht möglich.

Die Journalisten im Gang, der CDU oder der CSU nahe oder gar zugehörig, sie sind empört. Scharfe Töne des Aufruhrs gegen die da vorn. Aber nur gezischelt. Man will es sich nicht mit jenen verderben, die beim nächsten Staatsbesuch über die Begleiterliste entscheiden. Die Flamme des Zorns lodert nicht, sie flackert. Ein Flämmchen.

»Sauerei!« »Lassen wir uns nicht bieten.« »Was bilden die sich ein, die verdammten Schnorrer, die.« Alles halblaut und im Schutze des Dämmerlichts – die Jalousien vor den Kabinenfenstern sind herabgezogen. Wer etwas Böses gesagt hat, ist nicht genau zuzuordnen im März 1981 auf dem Heimflug des CDU-Bundespräsidenten Karl Carstens vom Staatsbesuch in Indien.

Der Grund der Revolte ist in den vorderen zwei Dritteln der Boeing 707 zu besichtigen. Reihe für Reihe, über drei

Sitze ausgestreckt, die Beine leicht angewinkelt, schlummern dort die Mitglieder der Delegation des deutschen Staatsoberhauptes. Die Spitzenkräfte haben es sich in den Liegesesseln für die höheren Klassen bequem gemacht. Die begleitenden Journalisten aber sind im Heck zusammengepfercht, Sitz an Sitz an Sitz, Holzklasse. »Und wir müssen für unsere Tickets auch noch zahlen«, bestätigen sich die Aufrührer gegenseitig in ihrem Groll. Die da vorn würden auf Staatskosten fliegen und hätten sich auch noch die besten Plätze gekrallt. Und gearbeitet hätten die doch auch nix. Reine Luxusreise für die Beamten. Darüber soll der SPIEGEL mal schreiben, das wär mal 'ne wirklich wichtige Story. Man selbst kriegt so was ja nicht ins eigene Blatt, weil man ja freundlich sein muss zur CDU/CSU und dem Bundespräsidenten. »Los, mach was!«

Also, auf in den Klassenkampf!! Dient man doch der Gerechtigkeit und der Wahrheitssuche, und den Kollegen kann man obendrein einen Gefallen tun. Gut gegen die Langeweile auf dem Langstreckenflug ist es auch.

Antippen des Oberarms im dunkelgrauen Nadelstreifen-Jackett. Die schwarze Schlafmaske geht hoch, die Rechte mit dem goldenen Siegelring am kleinen Finger streicht über das von der Brillantine immer noch tadellos in Form gehaltene silbergraue Haupthaar. Der Protokollchef des Auswärtigen Amtes, Hans-Werner Graf Finck von Finckenstein, ist nun ganz wach geworden und knipst sein Lächeln an. Womit man dienen könne?

Das Lächeln wird ausgeknipst und die Rechte mit dem Siegelring fährt fahrig wiederholt übers Haupthaar, als das Begehr vorgetragen wird: Man würde erfahren wollen, warum das Gefolge des Herrn Bundespräsidenten über drei Dutzend Personen zähle und was die alle zu tun gehabt hätten auf der sechstägigen Rundreise durch Indien?

Nicht dass der Chef des Protokolls darauf geantwortet hätte, das würde er auch gerne mal wissen, nein, nein, der Graf sagt diplomatisch, das lasse sich schwerlich jetzt aus dem Stegreif sagen; Stärke und Funktion der Delegation würden im übrigen stark von Traditionen bestimmt. Und rundet die Antwort mit seiner kräftigen Lache ab.

So, so. Ob man das, bitte, ein wenig genauer erklärt bekommen könne? Den Wunsch müsse der Graf doch verstehen, er sei selbst auch mal Journalist gewesen, damals als diplomatischer Korrespondent der »Welt«.

Es tue ihm leid, er müsse passen. Man möge sich doch bitte an den mitreisenden stellvertretenden Regierungssprecher, Herrn Ministerialdirektor Lothar Rühl, wenden. Und mit diesen Worten stemmt sich der Protokollchef hoch aus seinem Sessel und geleitet mich durch den Flugzeuggang zum Herrn Ministerialdirektor.

Nur, Lothar Rühl weiß das auch nicht. Am besten würde man die Leute selber fragen.

Gute Idee, stimmt der SPIEGEL-Mann zu. Damit sollte man gleich anfangen. Vielleicht im Konferenzabteil der Präsidentenmaschine? Kurzes Zögern, die beiden Herren wechseln Blicke von der Sorte, damit werden wir den lästigen Kerl am leichtesten los. Vorschlag angenommen.

Im fliegenden Konferenzzimmer wird der SPIEGEL an der Steuerbordseite platziert. In Fünfergruppen werden verschlafene Staatsdiener hereingeführt. Sie müssen die Sitze gegenüber einnehmen. Jeder und jede Bedienstete hört dieselbe Frage: »Warum sind Sie auf dieser Reise dabei?« Die Antworten sind mal gewunden lang, mal barsch kurz, dem Inhalt nach meistens verschwommen und unscharf.

Die Recherche über den Wolken brachte zwar die Funktionen der Trossmitglieder heraus, aber wenig Erhellendes über den Sinn der Mitreise: Eine Dame war die Persönliche Referentin der Präsidentengattin Veronica, eine andere die Friseuse von Frau Carstens und wieder eine andere die Referentin im Persönlichen Büro des Bundespräsidenten und der Leiter des Persönlichen Büros war mit von der Partie und der gehobene Butler und der rangniedere Butler des Präsidenten waren auch dabei. Ein Butler und dazu die Friseuse hätten gereicht.

Ein Kapitän zur See, Verbindungsoffizier des Bundesministers der Verteidigung beim Bundespräsidenten, wurde benötigt, um bei Ankunfts- und Abschiedszeremonien hinter dem Präsidenten zu stehen und zackig die Hand an die Mütze zu legen, wenn die Nationalhymnen erklangen. Ein Kalligraph – das ist der Schönschreiber – war mit auf Tour, weil sich vielleicht kurzfristige Einladungsänderungen ergeben konnten und neue Tischkarten zu schreiben waren. Selbst aufstellen musste er die Schilder aber nicht. Diese Aufgabe oblag einer mitreisenden Konsulatssekretärin aus Bonn. Ein Oberregierungsrat war im Präsidialamt mit Fragen der Etikette im Inland betraut. Er sollte in Indien erleben dürfen, wie das Protokoll im Ausland abläuft.

Es mangelte dem Präsidenten auch nicht an politischen Beratern. Zur Delegation gehörten: ein Ministerialdirektor, weil er die auch für Indien zuständige Abteilung des Auswärtigen Amtes leitete, ein Ministerialrat und ein Vortragender Legationsrat Erster Klasse, der eine, weil sein Referat im Präsidialamt für Indien zuständig war, der andere, weil sein Referat im Auswärtigen Amt für Indien zuständig war. Und zwei Pressereferenten hatte Carstens auch dabei – neben dem Vizesprecher der Bundesregierung noch den Sprecher des Bundespräsidialamtes.

Fast einen Kilometer lang war auf den Stationen der Reise zwischen Flughäfen und Luxushotels die Kavalkade der Staatskarossen, in denen die Delegationsmitglieder allein oder zu zweit saßen. Die Fuhre Journalisten rumpelte im Bus hinterher.

In Bombay rasten die Limousinen durch die Flut der Fußgänger, Radfahrer, Moto-Rikschas, Ochsenkarren, herrisch chauffiert von indischen Fahrern. In der zur Seite gequetschten Menge wurden Fäuste geschüttelt, schimpften die empörten Passanten. Als ein Nachzügler wild hupend zur Delegation aufschließen wollte, flogen Steine.

Mit dem SPIEGEL-Artikel dann waren die Kollegen recht zufrieden. Erste Anzeichen des Aufbegehrens hatte es bereits während der Rundreise durch Indien gegeben. Bei einem Pressefrühstück berichtete Carstens von einem Erlebnis in der landwirtschaftlichen Universität von Hissar: Man habe einer Kuh, örtlich betäubt, den Bauch geöffnet und den Magen aufgeschnitten, dann habe einer dort hineingegriffen und Nägel herausgeholt. Zwischenruf aus dem schwarzen Block: »Hier wird jeder Nagel gebraucht.«

Grinsend schrieb man dort auch mit, welche weiteren Erkenntnisse das deutsche Staatsoberhaupt auf seiner Reise gewonnen hatte. »Was mich sehr beeindruckt hat, ist die Pünktlichkeit der Inder«. Oder: Inzwischen gebe es, sagte Carstens, etwa 8 000 Stipendiaten der deutschen Humboldt-Stiftung, »das zeigt, wie viele intelligente Inder es gibt«.

Der Staatssekretär des Bundespräsidialamtes, Hans Neusel, hatte während der Reise argumentiert, die Delegationen früherer Bundespräsidenten seien auch nicht kleiner gewesen. War nicht die ganze Wahrheit. SPD-Präsident Gustav Heinemann pflegte mit wesentlich kleinerer Begleitung zu reisen, auch mal im Bus, wie beim Staatsbesuch in Luxemburg.

Neusel wand sich um eine klare Antwort auf die klare Frage herum, ob der Präsidententross von nun an kleiner würde: Es habe sich im Präsidialamt »die auch beim Bundespräsidenten vorhandene Tendenz zur Verkleinerung« der Delegationen bei Staatsbesuchen verstärkt. Weitaus stärker aber schien die Tendenz bei den Staatsdienern, sich die vom Steuerzahler finanzierten Ausflüge zum Taj Mahal oder Zuckerhut durch nichts und niemanden vermiesen zu lassen. Neusel räumte ein: »Wann immer es von uns den Wunsch nach mehr Bescheidenheit gibt, sagen die im Auswärtigen Amt: Ehrenwert, Herr Bundespräsident, aber die andere Seite will nicht, wir können doch die Gastgeber nicht brüskieren.«

Für den Protokollchef Finckenstein vom Auswärtigen Amt war ohnehin anderes wichtiger. Der Staatsbesuch in Indien sei ein voller Erfolg gewesen: »Es hat doch alles auf die Minute geklappt.«

22
Wer war's ?

Kleines Rätsel zum Schluss: Vier Freunde sitzen schon zwei Stunden beim Frühschoppen beisammen. Der Weißwein schmeckt inzwischen sauer, das vierte Weißbier drückt auf die Blase. Es sind sehr wohlhabende Männer. Zwei von ihnen besitzen ein Flugzeug, einer eines mit Düsenantrieb, der andere eines mit Turboprop. Der Tag verspricht mal wieder langweilig zu werden.

»Wetten«, sagt da einer in der Runde, dass er heute noch ohne irgendeine Mühe Vierhunderttausend verdienen kann?

Um was wetten wir?

Um einen Strauß Rosen für die Rosl (ihre Stammbedienung).

Man fliegt nach London, man hat den Jet gewählt, weil der schneller ist. Kauft dort bei einem renommierten Kunsthändler ein kleines Gemälde, einen Renaissance-Klassiker aus Oberitalien. Der Preis: Hunderttausend.

Am späten Nachmittag landet man, von London kommend, an Bord mit Drinks wohl versorgt, in Zürich. Fährt dort zu einem zertifizierten Kunstsachverständigen, den man sehr gut kennt. Der taxiert, wie dezent angeregt und ordentlich honoriert, den Wert des Bildes auf eine Million und hält dies gleich in einem Gutachten schriftlich fest.

Zurück in der deutschen Heimatstadt, wird das Werk samt Zürcher Expertise dem dortigen weltbekannten Museum, mit dessen Leitung man sich bestens steht, als Spende feierlich überreicht.

Das Museum stellt auf Grund des Schweizer Gutachtens dem hochherzigen Gönner eine Spendenquittung aus – über eine Million. Beim Steuersatz von rund 50 Prozent reduziert die Quittung über eine Million dessen zu versteuerndes Einkommen um rund eine halbe Million.

Die in London eingesetzten Hunderttausend abgezogen – voilà, Vierhunderttausend Gewinn.

Wer war es wohl, der Rosl die Rosen überreichen durfte?

Kolleginnen, Kollegen, es ist viel zu tun, überall.

Dank

Ursula, meine Frau, hat schwere Ehekräche in Kauf genommen, als sie, ehrlich wie sie ist, an mancherlei Textstellen unnachsichtig Kritik geübt hat. War überrascht, als die Kräche ausblieben, der sogar dankbare Mann ohne große Widerworte das Manuskript korrigiert hat. Haben beide dazu gelernt – er von seiner Frau, sie über ihren Mann.

Personenregister